GTB
Gütersloher Taschenbücher
771

W0176438

Reinhard Kirste · Herbert Schultze
Udo Tworuschka

# DIE FESTE DER RELIGIONEN

Ein interreligiöser Kalender
mit einer synoptischen Übersicht

Gütersloher Verlagshaus

Originalausgabe

Die Deutsche Bibliothek – CIP-Einheitsaufnahme

*Kirste, Reinhard:*
Die Feste der Religionen : ein interreligiöser Kalender mit
einer synoptischen Übersicht / Reinhard Kirste ; Herbert
Schultze ; Udo Tworuschka. – Orig.-Ausg. – 2. Aufl. – Gütersloh :
Gütersloher Verl.-Haus, 1997
  (Gütersloher Taschenbücher ; 771)
  ISBN 3-579-00771-8
NE: Schultze, Herbert:; Tworuschka, Udo:; GT

ISBN 3-579-00771-8
2., korrigierte Auflage, 1997
© Gütersloher Verlagshaus, Gütersloh 1995

Umschlaggestaltung: Dieter Rehder, Aachen, unter Verwendung einer jüdi-
schen Buchmalerei, Spanien 1301, © Archiv für Kunst und Geschichte, Berlin
Satz: Weserdruckerei Rolf Oesselmann GmbH, Stolzenau
Druck und Bindung: Clausen & Bosse, Leck
Gedruckt auf chlorfrei gebleichtem Werkdruckpapier
Printed in Germany

# INHALT

# EINLEITUNG

Zuweilen machen Nachrichten in den öffentlichen Medien darauf aufmerksam, daß es außer der uns aus christlicher Tradition gewohnten Rhythmik des Jahreslaufes auch andere Rhythmen gibt, auf die bei friedlichen Anlässen, z.B. Staatsempfängen, oder unfriedlichen, z.B. in kriegerischen Auseinandersetzungen, in anderen Breiten unsers Erdballs, Rücksicht genommen wird. Das betrifft christliche Festkalender, die von unserem gregorianischen abweichen, als auch Zeitrhythmen, die anderen religiösen Traditionen entstammen. Da wird z.B. ein hinduistisches oder jüdisches Neujahrsfest erwähnt. Oder Vollmond bzw. Neumond spielen eine wichtige Rolle, während diese Erscheinungen bei uns im Westen allenfalls persönliche Bedeutung haben mögen.

In unserem Buch »Die Feste der Religionen« stellen wir die Feste wichtiger Weltreligionen vor. Diese Religionen begegnen uns nicht nur in den Medien oder z.B. in Literatur und Kunst, sondern nahezu alle von uns vorgestellten Feste haben mitten unter uns Bedeutung für die Lebensgestaltung unserer Mitmenschen. Wir haben Mitbürger in unserer deutschen Gesellschaft, die dem buddhistischen oder islamischen Glauben angehören. Diese Weltreligionen setzen wie alle anderen Glaubenssysteme ihre eigenen Schwerpunkte im Ablauf des Jahres und im Verlauf des persönlichen Lebens. Sie bestimmen Zeiten der Besinnung und Zeiten der Freude. Es kann geradezu spannend sein zu sehen, welche Erfahrungen und Hoffnungen in anderen Religionen hervorgehoben werden, und mit welchen Riten unsere Mitbürger anderer Religion ihre Feste begehen.

Es kann geschehen, daß eine Frau oder ein Mann, eine Schülerin oder ein Schüler für einen Tag freibekommen möchten, der in unserer Gesellschaft in keiner Weise beachtet wird, der jedoch für diese Menschen von allerwichtigster Bedeutung ist, so wichtig, daß sie eine Einbuße an freier Zeit in Kauf nehmen, um diesen Tag entsprechend ihrer religiösen Tradition zu begehen. Feste von neun in etlichen Regionen Deutschlands vertretenen Religionen werden auf den folgenden Seiten aufgeführt und erläutert. Um Leserinnen und Lesern das Zurechtfinden zu erleichtern, folgen wir bei unserer Darstellung – mit geringen, durch eine bestimmte Tradition bedingten Abweichungen – einer immer gleichen Struktur, deren einzelne Schritte hier kurz begründet werden.

## Hinführung

In diesem ersten Abschnitt werden einige herausragende Merkmale und Phänomene der Religion genannt, die für das religiöse Jahr und die verschiedenen, durch die Feste und Feiertage gegebenen Höhepunkte des Jahres maßgebend sind. Wer mehr über die einzelnen Religionen wissen will, sollte sich z.B. der von uns im Anschluß an die Hauptkapitel aufgeführten Literatur bedienen. Die Konzentration auf Feste und Feiertage hilft, deren Bedeutung für die religiöse Gemeinschaft und die einzelnen gläubigen Menschen zu erkennen und zu würdigen.

Die Glaubenssysteme der Weltreligionen vermitteln eine bestimmte Deutung der Welt und des Lebens. Die Antwort auf die Grundfragen aller Menschen nach dem Woher, Warum, Wozu und Wohin des Lebens findet jeweils praktischen Ausdruck in Festen, in den Geschichten, die zu allen Festen gehören, und in vielerlei Festbräuchen.

In allen Religionen haben sich, unter grundsätzlicher Beibehaltung der Einheit der Religionsgemeinschaft, mit den Jahrhunderten und im Zusammenhang bestimmter Ereignisse verschiedene Richtungen entwickelt. Ob es sich dabei nun um kleinere Varianten oder um prinzipiell unterschiedliche Konfessionen oder voneinander abweichend organisierte Denominationen handelt; dieser Frage gehen wir nicht weiter nach. Denn sie hat nur wenig Einfluß auf den Festkalender. Allerdings werden für alle von uns berücksichtigten Religionen die Richtungen (oder Gruppierungen, Traditionen usw.) genannt. Wo sich Abweichungen hinsichtlich der Feste (z.B. inbezug auf Datum, Dauer usw.) ergeben, wird darauf hingewiesen.

# Das religiöse Jahr

Bereits vor- und frühgeschichtliche Funde lassen erkennen, daß Menschen in allen Regionen der Erde ihr Leben in einem bestimmten Zeitrhythmus begangen haben. Am Anfang standen für diese Rhythmen überall die Jahreszeiten und die damit verbundenen Naturerscheinungen. Das Werden von Tag und Nacht hat die Menscheit als ganze immer ebenso tief beeindruckt, wie dies jedem neugeborenen Menschenkind ständig wieder von neuem geschieht. Nur konsequent schlossen sich an solche Erfahrungen die Beobachtungen der Gestirne an. Hatte der Mondwechsel in solchen Beobachtungen Vorrang, so entwickelten die Menschen ein Mondjahr. Stand die Sonne im Mittelpunkt der Betrachtung, dann führte dies zu einem Sonnenjahr. Eine weitere Erfahrung ergab sich aus Schwierigkeiten, den Mond- oder Sonnenrhythmus möglichst exakt auf den Wechsel der Jahreszeiten abzustimmen. Dieser Anlaß führte zur Erfindung und Erprobung von Schalttagen, Schaltmonaten und Schaltjahren.

Nachdem Naturerscheinungen und Naturerfahrungen von verschiedenen Kulturen der Menschheit in einen Jahresrhythmus umgeformt worden waren, nahmen Völker und Stämme, nahezu überall auf der Erde, ein weiteres Element in ihre Zeitplanungen auf: politische oder kriegerische Erfahrungen. Zu den Naturereignissen traten nun die geschichtlichen Ereignisse als strukturierende Größe hinzu. Zum Teil übernahmen Naturfeste zusätzlich eine geschichtliche Bedeutung.

Beide Arten von Festen und Feiertagen, die an der Natur und jene an der Geschichte orientierten, wurden als Ausfluß und Ausdruck religiösen Geschehens angesehen. Solche Deutung schloß und schließt die Freude über die der Menschheit verliehenen Gaben und die Besinnung auf die allen menschlichen Wesen aufgegebenen Pflichten ein.

Damit wurden in den Weltreligionen durchweg drei Motive des religiösen Jahres miteinander verknüpft: das natürliche, das geschichtliche und das religiöse. Die Höhepunkte des Jahreslaufes, in verschiedenen Weltgegenden und auch nach den überall wirksamen Säkularisierungsprozessen, sind von diesem dreifachen Begründungszusammenhang der Religion bestimmt. Der Höhepunkt des Jahres in einer bestimmten Religion richtet sich nach dem zugrundeliegenden religiösen Zeitrhythmus aus, der in den einzelnen Weltgegenden erhebliche Abweichungen zeigen kann. So wurde in Indien z.B. die vielfältig entfaltete Struktur des Hindu-Jahres (siehe Kapitel *Hinduismus*) prägend, in Europa das – unterschiedlich akzentuierte christliche Kirchenjahr (siehe Kapitel *Christentum*). In anderer Weise wurden religiöse Einflüsse aus früheren geschichtlichen Epochen maßgebend. In Spanien sind unverkennbar Spuren aus islamischer Kultur (siehe Kapitel *Islam*), während sich in den Niederlanden jüdische Kultur (siehe Kapitel *Judentum*) einflußreich ausgewirkt hat.

# Feste am Lebensweg

In allen Religionen wurden von frühester Zeit an die Schritte im Leben jedes einzelnen Menschen religiös gedeutet und begleitet. Wegen der Begleitfunktion sprechen wir von Passageriten (rites de passage): Geburt, Erwachsenwerden bzw. Eintritt in die Mündigkeit, Heirat und Tod sind die Stationen, die in allen Religionen gewürdigt werden. In nicht wenigen Religionen werden noch erheblich mehr Stationen auf dem Lebensweg festlich begangen. Die weltlichen Weisen des Begehens solcher Ereignisse haben fast überall Momente aus einer oder mehreren Religionen entlehnt.

Ungeachtet der Ähnlichkeit der Anlässe für diese Feste und Feiern am Lebensweg, erhalten diese doch von der jeweiligen Religion einen unverwechselbar eigenen Zusammenhang. Es ist wohl nicht zufällig, daß auch Menschen und Familien, die sich innerlich infolge der Säkularisierung weit von den ursprünglichen Überlieferungen ihrer Religion entfernt haben, an den Passageriten dennoch festhalten. Die Erinnerung an die damit verbundenen religiösen Zeremonien wird intensiv gepflegt.

Hier ist auch der Grund dafür zu suchen, daß gerade in Familien, wie den eben geschilderten, darauf geachtet wird, daß die kommende Generation, der möglicherweise viele, früher nicht für denkbar gehaltene Zugeständnisse gemacht werden, den Geburts- oder Namensgebungsritus und die Zeremonie des Mündigwerdens auf hergebrachte Weise erfährt und begeht.

Bei der Heirat kommen in verschiedenen Religionen, wenigstens vorübergehend, Phasen des Auslassens der religiösen Praxis vor. Sobald aber mit solcher Zurückhaltung Konsequenzen für die Stellung in der Gesellschaft abzusehen sind (z.B. im Blick auf das öffentliche Auftreten), tritt sehr schnell wieder eine Änderung ein. Dann wird Vergessenes oder in den Hintergrund Getretenes wieder belebt. Trauer- und Bestattungsriten scheinen eine besonders feste Tradierung zu erfahren. Sie werden immer wieder begangen und praktiziert, selbst wenn die oder der Sterbende bzw. Verstorbene sich von der religiösen Gemeinschaft getrennt hat. Es kann dem auch durchaus ein kurz vor dem Tode geäußerter Wunsch zugrunde liegen.

## Die Bedeutung religiöser Feste und Gedenktage

Die Bedeutung und Pflege eines in der Religion begründeten Jahresrhythmus und ebenso die Beachtung von Festen und Feiertagen am Lebenslauf trägt für einzelne und Gemeinschaften zur Stärkung der eigenen Identität bei. Unsere heutigen Gesellschaften sind durchweg dadurch charakterisiert, daß Menschen unterschiedlicher Kultur und Religion miteinander auskommen müssen. Mehrheiten, z.B. der christlichen Kirchen, müssen die Existenz von Minderheiten nicht nur tolerieren, sondern für ein wirkliches Miteinander fruchtbar machen.

Ein Wissen um die Religion, ein Verstehen für das, was deren Angehörige dabei bewegt, welche Gedanken sie beschäftigen und welche Gefühle sie erfüllen, ist vermutlich ein wichtiger Beitrag zu einem solchen Miteinander. Daß wir mit dem Verstehen anderer Menschen unserer eigenen religiösen Tradition mehr und besser bewußt werden, ist eine vielfach bekannte Erfahrung. Offenheit dafür, was andere Menschen an Festen und Feiertagen bewegt, vermag zur eigenen Lebensverwirklichung beizutragen.

*Reinhard Kirste*
*Herbert Schultze*
*Udo Tworuschka*

11

# 1. JUDENTUM

## 1.1 Hinführung

Das Judentum ist die älteste monotheistische Religion. Die Botschaft Gottes, des Herrn des Universums, ist an sein Volk, mit dem er einen Bund geschlossen hat, gerichtet. Zugleich und in Korrelation (Leo Baeck) gilt die Anrede Gottes der gesamten Menschheit auf der ganzen Erde. Seine Offenbarung ist in den Büchern der Tora aufgezeichnet, deren Wortlaut unabänderlich gültig ist. Die Deutung dieser feststehenden Texte war von Beginn an Gegenstand intensiver Diskussion. Die Positionen rabbinischer Theologie umspannen bis in die Details die Gebiete menschlichen Denkens und Lebens.

Die Freiheit des Denkens korrespondiert geradezu jenem unabänderlichen Text der Offenbarung. So konnte und kann es niemals ein Bekenntnis oder eine Lehre *des* Judentums gegeben haben bzw. geben. Die weithin anerkannten Glaubenssätze des aus Spanien stammenden Gelehrten Maimonides (1135-1204) blieben deshalb immer die Sätze dieses einen und wurden in keinem Sinne ein Bekenntnis des Judentums. Aus der Vielfalt jüdischen Denkens bildeten sich die heute vielerorts vertretenen vier Hauptrichtungen: Orthodoxe, Konservative, Liberale bzw. Reformjuden und Reconstructionists. An Orten mit kleineren jüdischen Gemeinschaften arbeiten die Richtungen zusammen. Für rituelle Ordnungen werden dann Verständigungen gefunden, die ein Gemeinschaftsleben, vor allem gemeinsame Gottesdienste, ebenso ermöglichen wie individuell unterschiedliches Frömmigkeitsleben entsprechend der jeweils eigenen Richtung.

Ungeachtet der auch in jüdischen Gemeinden wirksamen Säkularisierungstendenzen haben die Feste des jüdischen religiösen Jahres eine stark bindende Kraft, die im Besuch der Gottesdienste zu den Festen ihren Ausdruck findet. Wie auch in anderen Religionen, so korrespondieren den rituellen Feiern der Feste gesellschaftliche und familiäre Formen des Feierns. Eine Besonderheit liegt allerdings darin, daß die Feier im Familienkreis insofern einen besonderen Rang einnimmt, als die verschiedenen Generationen und alle Familienglieder im Vollzug des Festes einen Beitrag zur religiösen Deutung liefern.

# 1.2 Das religiöse Jahr im Judentum

Das jüdische Jahr folgt den Mondphasen. Für den Ausgleich gegenüber dem Sonnenjahr des gregorianischen Kalenders wird ein Schaltmonat (Adar) eingeschoben. Manchmal ist ein zweiter Schaltmonat nötig, so daß neben Adar I Adar II hinzugefügt wird. Daher kehren die jüdischen Feste ähnlich wie nach dem christlichen Kalender (siehe Kapitel *Christentum*) und anders als im islamischen Jahr (siehe Kapitel *Islam*) oder im hinduistischen Jahr (siehe Kapitel *Hinduismus*) immer zur gleichen Jahreszeit wieder.

Das jüdische Jahr ist in 12 Monate zu je 29 bis 30 Tage unterteilt. Es beginnt mit dem Neujahrstag (Rosch Haschana) am 1.Tischri und endet mit dem 29. Elul. So ergibt sich die folgende Monatsgliederung:

| | |
|---|---|
| Tischri | Nisan |
| Cheschwan | Ijar |
| Kislev | Siwan |
| Tewet | Tammus |
| Schewat | Aw |
| Adar I + II | Elul |

Das jüdische Jahr beginnt mit seinem ersten Monat Tischri jeweils in den ersten Septembertagen des gregorianischen Kalenders, der seinerseits auf einer Reform des früheren julianischen Kalenders basiert. Die Zählung der Jahre geschieht ebenfalls abweichend; der jüdische Kalender rechnet von der Schöpfung an. Danach war das Jahr 1990 das Jahr 5750/5751 nach der Schöpfung. Das Jahr 2000 nach gregorianischer Zählung, die übrigens auch von den Vereinten Nationen übernommen worden ist, wird das Jahr 5760/5761 nach der Schöpfung sein. Um die gültige jüdische Jahreszahl zu ermitteln, müssen jeweils 3760 zu der vorwiegend geltenden Jahreszahl addiert werden. Umgekehrt kommt man durch Abzug von 3760 von der jüdischen Jahreszahl zu derjenigen nach dem gregorianischen Kalender.

Die Feste des jüdischen Jahres sind von zwei wichtigen Erfahrungsmomenten bestimmt, die im Sinne der religiösen Tradition Ausdruck der Führung Gottes sind, die dieser den Menschen angedeihen läßt. Es handelt sich – korrespondierend zu den beiden Adressaten der göttlichen Botschaft in der Tora, dem Volk Israel und der gesamten Menschheit, – zum einen um Erfahrungen in der jüdischen Geschichte und zum anderen um die Erfahrungen der Menschen mit der natürlichen Schöpfung im Rhythmus der Jahreszeiten. Für alle Feste gibt es Abschnitte in der Tora sowie daraus entwickelte Formulare für die grundlegend wichtige Feier in der Familie und die die weitere Gemeinschaft stiftende gottesdienstliche Gestaltung.

Der Reigen der Feste des jüdischen Jahres ist eingebettet in die wöchentliche Ordnung des Sabbats, die das ganze Jahr prägt. Für jeden Sabbat ist ein eigener Wochenabschnitt aus der Tora vorgesehen. Dieser ist – jedenfalls in manchen Fällen – zusätzlich zu der Lesung im Gottesdienst der Synagoge Gegenstand individueller Besinnung und familiärer Betrachtung. Wie die gesamte Ordnung des Sabbats, der mit der Dämmerung am Freitagabend beginnt und entsprechend am Samstagabend endet, auf die Schöpfung bezogen ist, so ist auch jeder Sabbat »ein Fest der Schöpfung«, freilich mit jeweils unverwechselbar eigener Thematik.

Der erste Monat des religiösen Jahres ist von einer ganzen Reihe besonders wichtiger Feste geprägt. Die Bindung an die göttliche Weisung und die Freude an der aus ihr datierenden Verheißung kommen dabei ebenso zum Ausdruck wie die Verantwortung des individuellen und gemeinschaftlichen Lebens vor Gott, aber auch die Erfüllung von Gottes Auftrag mit der Schöpfung und der Dank für die aus dieser gewonnenen Gaben. Für das jüdische Jahr ergibt sich der folgende Festkreis:

| | |
|---|---|
| Rosch Haschana: | Neujahrsfest (1.Tischri) |
| Jom Kippur: | Großer Versöhnungstag (10.Tischri) |
| Sukkot: | Laubhüttenfest (Erntefest, 15./16.Tischri) |
| Simchat Tora: | Fest der Freude an der Tora (23.Tischri) |
| Chanukka: | Lichtfest (Tempelweihfest, 25.Kislev-1.Tevet) |
| Tu be-Schewat: | Neujahrsfest der Bäume (15. Schewat) |
| Purim: | Fest der Lose (Esther, 14.Adar II) |
| Pesach: | Fest der ungesäuerten Brote (Exodus, 15.-22.Nisan) |
| Lag ba-Omer: | Gedenken an die Aufstände (33. Tag der »Omerzählung«, am 18. Ijar) |
| Schawuot: | Wochenfest (50.Tag nach Pesach, pentä kostä) = Pfingsten, 6./ 7.Sivan) |
| Tischa be-Aw: | Zerstörung des zweiten Tempels (9./10. Aw) |

Eine nähere Betrachtung der Riten der einzelnen Feste (siehe dazu den folgenden Abschnitt) gibt einen Einblick in die engen Zusammenhänge zwischen den Festen innerhalb des jüdischen Jahres. Vorbereitungszeiten für den Einzelnen wie für die Gemeinde der Synagoge führen *vor* den eigentlichen Festtagen auf diese hin. Sie sind gleichsam auf die Feste ausgerichtete Konkretisierungen der göttlichen Weisung (Tora). Ruhezeiten von jeder Arbeit, Fasten und Enthaltsamkeit sowie, bei Mahlzeiten, der Verzehr von Speisen mit symbolischer Bedeutung machen das Begehen der Feste zum Erinnern im Wortsinn, zu einer nicht nur die Gedanken beschäftigenden, sondern den ganzen Menschen betreffenden Erfahrung.

## 1.3 Die Feste und ihre Bedeutung

### Die Feste im Jahreskreis

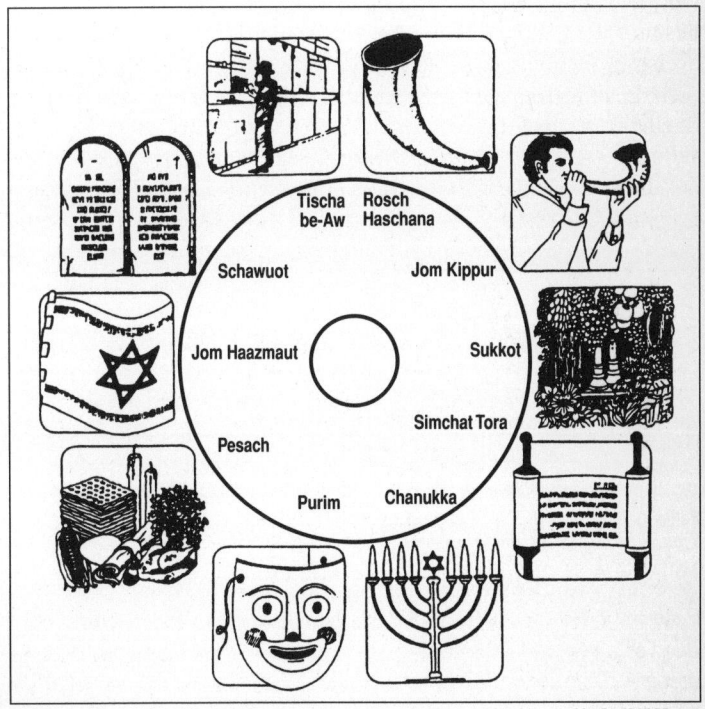

## Rosch Haschana

Während des letzten Monats im jüdischen Jahr, Elul, gelten die Gedanken und Gebete der Gläubigen dem mit Rosch Haschana beginnenden Reigen wichtiger Feste. Sie lassen die Zeit des zuendegehenden Jahres an sich vorüberziehen und prüfen dabei das eigene Tun und Lassen. Das Zugehen auf den Tag der Erschaffung der Welt ist Anlaß, um in der Familie, mit Freunden und Bekannten Grußkarten mit guten Wünschen für die kommende Zeit auszutauschen.

Solche Wünsche werden auch im Gottesdienst der Synagoge gewechselt, bevor die Gemeinde zur familiären Feier nach Hause geht. Im Rahmen des Festmahles gibt es die Sitte, in Honig getauchten süßen Apfel zu essen, ein Symbol für erhoffte gute Zeiten. Die mit Rosch Haschana beginnenden 9 Tage dienen im besonderen der Besinnung und Einkehr. Eine alte Tradition besagt, daß von nun an bis zum Ende von Jom Kippur ein himmlisches Buch aufgeschlagen ist. Darin sind die guten und bösen Taten eines jeden Menschen verzeichnet. Die Tage der Einkehr dienen nicht nur der Rückbesinnung, sondern zugleich der Vorbereitung auf die göttliche Bestimmung für die Zukunft (siehe unten zu *Jom Kippur*). Diesem Gedanken der Verknüpfung von Vergangenheit und Zukunft ist mit einem ringförmigen Gebäck (challa) Ausdruck verliehen, das mit dem jüdischen Neujahrsfest verbunden ist. Es symbolisiert den Rhythmus eines Jahres als Kreislauf.

Rosch Haschana gehört zu den Festen, an denen der Schofar, ein angeschnittenes Widderhorn, geblasen wird. Es wird ähnlich wie eine Trompete gehandhabt, erfordert jedoch besondere Kunstfertigkeit. Das Schofarblasen zu Rosch Haschana ist zum einen Ausdruck der Huldigung von Gottes Königtum, zum zweiten wird mit diesem Brauch an die Zeit der Erzväter, insbesondere Abrahams erinnert, und schließlich an die Gabe der Tora am Sinai. Alle diese Traditionen gehen in den Neujahrswunsch »Leschana towa tikkatew« ein: »Zu einem guten Jahr mögest du eingeschrieben sein«, ein Wunsch, der sich auf das erwähnte himmlische Buch der Rechtsprechung bezieht.

So ist das jüdische Neujahrsfest auf vielfältige Weise der göttlichen Weisung, der Tora, verbunden. Seit neutestamentlichen Überlieferungen, besonders den Briefen des Apostels Paulus, der selbst der jüdischen Tradition entstammt, wird in christlichen Dokumenten Tora mit »Gesetz« wiedergegeben und erhält damit oftmals einen abwehrend negativen Akzent. Bereits die Betrachtung des ersten jüdischen Festes im Jahreslauf kann lehren, daß solche einseitige Sicht der jüdischen Religion nicht gerecht wird. Gewisse Ähnlichkeiten mit der Abwertung des Islam als »Gesetzesreligion« (siehe Kapitel *Islam*) sind offensichtlich. Die Tora ist auch im Zusammenhang mit dem Neujahr Rosch Haschana als positive, Leben schaffende und tragende göttliche Gabe zu sehen.

Der letzte, also zehnte Tag, der mit dem Neujahrsfest beginnenden Tage der Besinnung ist eines der höchsten Feste im Judentum: Jom Kippur.

## Jom Kippur

An diesem Fest, das eigentlich Jom ha-Kippurim, Tag der Sühnungen, heißt, entscheidet Gott über die Bestimmung im kommenden Jahr, nicht nur darüber, was den einzelnen Menschen beschieden sein wird, sondern, so die Überlieferung, auch über das allen Völkern und der ganzen Menschheit beschiedene Geschick. Vor der darin zum Ausdruck kommenden Majestät des Einen Gottes ist Ernsthaftigkeit auf Seiten der Menschen angebracht. Sie bestimmt die Riten dieses »Großen Versöhnungstages«, wie eine lang tradierte Übersetzung lautet. Es geht nämlich darum, daß Gott sich versöhnt: mit den einzelnen Menschen, mit seinem auserwählten Volk und dessen Gemeinde im Gottesdienst und mit der ganzen Menschheit in der von ihm geschaffenen Welt.

Das Ritual des Jom Kippur wird zum größten Teil in der Synagoge vollzogen. Ein für die meisten Gemeindeglieder ganztägiges Fasten gibt der erwähnten Ernsthaftigkeit Ausdruck. Kinder fasten nicht den ganzen Tag, aber Einschränkungen, z.B. ein späteres Frühstück, gelten auch für sie. Zwei gewichtige Schriftstellen werden während des Gottesdienstes an diesem Tag gelesen: Die Einsetzung des Versöhnungstages in Leviticus, dem 3.Buch Mose, Kapitel 16, und das Buch Jona, Zeugnis von dem nicht enden wollenden Verlangen Gottes nach der Umkehr der Menschen.

Jom Kippur, wie überhaupt die Reihe wichtiger Feste im Monat Tischri, wird von jüdischen Menschen, auch wenn sie sonst ihre überlieferte Religion wenig praktizieren, in der Regel sorgfältig beachtet. Bevor die Familien das Haus verlassen, wird dort eine hohe, wenigstens 25 Stunden brennende Kerze entzündet. Sie soll den gesamten hohen Feiertag über brennen. Auch in der Synagoge werden Kerzen entzündet. Im übrigen bestimmen Nachdenklichkeit, Gebete und Segenssprüche die Riten dieses Festes, sowohl in der Synagoge wie im Hause.

Wie alle jüdischen Feiertage beginnt der Versöhnungstag am Abend des Vortages und endet mit Sonnenuntergang. Der Beginn mit dem Kol-Nidre (»Alle Gelübde«)-Gebet ist sehr bedeutungsvoll. Der Vorsänger trägt es dreimal, zunächst leise, dann immer lauter werdend vor. Die Anwesenheit der ganzen Gemeinde ist hier wichtig, geht es doch um das Gedenken an die Verstorbenen, das Bedenken des eigenen Todes, das Bekenntnis der Sünden, die Erinnerung an die Märtyrer, die Fastenbotschaft und den Lobpreis vor Gott. Dieser Bedeutungsfülle wird auch damit Rechnung getragen, daß die Eltern, bevor sie mit ihrer Familie in die Synagoge gehen, über ihre Kinder die Beracha, den Priestersegen, sprechen. Die von Gott erbetene Vergebung und der in seinem Namen verliehene Segen gehören zusammen.

Im synagogalen Morgengottesdienst dieses hohen Festes steht die Lesung von Leviticus, 3. Mose, 16, im Mittelpunkt. Der Abschnitt handelt von der Einsetzung des Versöhnungstages und von seiner Liturgie im Tempel. Diese ist der Umkehr und Sühne der ganzen Gemeinde Israel gewidmet, damit alle ihre Glieder der Versöhnung Gottes teilhaftig werden. In der Mitte der Lesung ist von einer Symbolhandlung an zwei Böcken die Rede. Mit dem Los wird einer von diesen zum Opfer vor Gott bestimmt, während der andere mit allen von der Gemeinde bekannten Sünden und Übertretungen beladen zu Asasel, einem Dämon in der Wüste, geschickt wird. Auf dieses Ritual geht die Redewendung vom Sündenbock zurück. In bestimmten einzelnen jüdischen Gemeinden ist es Tradition, die Sünden symbolisch einem Hahn aufzuladen, der später geschlachtet und zu Suppe verarbeitet wird. Dabei haben wir es mit einer Reflektion des Sündenbockrituals nach Leviticus (s. o.) zu tun. Die hier kurz zusammenfassend skizzierte Liturgie ist an den Tempel gebunden. Die erwähnte Feier in der Synagoge verwendet neue Formen, der Zeit nach dem Tempel angemessen (zu einem anderen instruktiven Beispiel des Gedenkens an die Zeit des Tempels siehe unten *Chanukka*).

Am Nachmittag von Jom Kippur wird, wie erwähnt, das Jonabuch gelesen. Bei Sonnenuntergang enden die Feiern des Tages mit einer Schlußliturgie. Ein langer Ton aus dem Schofar, dem Blasinstrument aus einem Widderhorn (siehe oben *Rosch Haschana*), leitet das Schließen des Toraschreins (der »Arche«) ein. Die Menschen tauschen gute Wünsche für ein weiteres Jahr aus und gehen in ihre Häuser und Wohnungen, um nach dem langen Fasten die erste Mahlzeit zu sich zu nehmen. Am 10. Tischri feiern die jüdischen Gemeinden Jom Kippur. Bereits der Abend des 14.Tischri leitet das nächste Fest, Sukkot, ein.

## Sukkot

Das vom 14./15. bis zum 22. Tischri dauernde Laubhüttenfest hat seinen Namen von dem ein Bibelwort symbolisierenden Brauch, für die Dauer das Festes Hütten zu bauen und bestimmte Zeiten darin zu verbringen. Es handelt sich um eines der drei Erntefeste im jüdischen Kalender. Die beiden anderen sind (ursprünglich) Pesach und Schawuot. Sukkot geht auf das Fest der Ernte von Obst und Wein zurück. Dies kommt auch im Brauchtum zum Ausdruck.

Eine Hütte (Sukka) bauen die Menschen entweder aus Zweigen und etwas Gestänge in der Wohnung oder, wo möglich – der Natur näher – im Garten. Hier sollen während des Festes die Mahlzeiten eingenommen werden. Die Hütte kann aber auch zum Studieren oder zum Spielen verwendet werden. Gemeinschaft wird bei diesem Fest groß geschrieben. Manche laden nicht nur gute Freunde ein, sondern, einer Tradition folgend, auch Alleinstehende oder Arme, um sich mit diesen am Fest zu freuen. Beim Feiern in der Synagoge kommt der Ursprung des Festes zur Geltung z.B., wenn die Menschen Gestecke aus Zweigen von Palme, Myrthe und Weide und Zitrusfrüchten mit sich tragen.

Das Schriftwort, aus dem diese Traditionen entwickelt wurden, steht in Leviticus, 3.Mose, 23,42f.: »Sieben Tage sollt ihr in Laubhütten wohnen; ... daß eure Nachkommen wissen, wie ich die Kinder Israels in Hütten wohnen ließ, als ich sie aus Ägypten führte.«

In Diasporagemeinden endet Sukkot mit einem Abschlußfest, Schemini Azeret, »der achte Tag«; in Israel und verschiedenen Gemeinden außerhalb des Staates wird an diesem Tag Simchat Tora gefeiert.

## Simchat Tora

Simchat Tora ist das Fest der Freude an der Tora. Fröhlich singend und tanzend werden die festlich geschmückten Torarollen durch die Synagoge, in Jerusalem auch über den Platz vor der Westmauer des früheren Tempels, getragen. Das Fest wird gefeiert, nachdem im Laufe eines Jahres in 45 Abschnitten die Tora in der Synagoge einmal ganz gelesen worden ist. Der Segen über die Tora darf bei dieser Gelegenheit auch von Kindern gesprochen werden, die noch nicht Bar Mizwa bzw. Bat Mizwa (siehe dort) sind.

Die Liebe zur Tora und ihre Hochschätzung in der jüdischen Gemeinde kommen auf vielfache Weise zum Ausdruck. Die kostbare Gestaltung der erwähnten Arche, des Schreines an der Stirnseite der Synagoge, in dem die Rollen aufbewahrt sind, ist hier zu nennen. Außerdem gehören zu solchen Beweisen der Liebe und Achtung der Schriftrollen die schönen und wertvollen Kleider, in die sie gehüllt werden, die von Gold- und Silberschmieden geschaffenen Kronen und Schilder über diesen Kleidern: Kronen, wie sie einem hohen Herrscher gebühren, und ein Schild, wie er den Hohenpriester im Tempeldienst aufgrund seiner Reinheit und Würde auszeichnete. Mit den so verehrten Rollen der Schrift gilt es nicht nur würdig umzugehen, wovon vom Öffnen des Schreines bis zum Wiederverschließen jeder Gottesdienst zeugt, sondern sie sind auch schonend zu behandeln. Deshalb dient bei den Lesungen eine Zeigehand (Yad) dem Folgen der Zeilen, ohne daß die kostbare Rolle berührt wird. In den Riten des Simchat-Tora-Festes spiegeln sich alle diese Formen in ausgelassener Dankbarkeit, Liebe und Freude. Der erwähnte negative Klang der Beschreibung jüdischer Religiosität als Gesetzesreligion verbietet sich angesichts dieser Phänomene.

## Chanukka

Das achttägige Lichtfest beginnt am 25.Kislev und dauert bis zum 2.Tevet. Es erinnert an die Weihe des Tempels nach dem erfolgreichen Aufstand des Judas Makkabäus gegen Antiochus IV., der den Tempel entweiht hatte, indem er dort ein Götzenbild aufstellen und Schweine durch den Tempelbezirk treiben ließ. Der Akzent dieses Festes verdient Beachtung: Nicht der Sieg über Antiochus wird begangen, sondern die Tempelweihe. Diese Ereignisse um die Mitte des 2. Jahrhunderts unserer Zeitrechnung sind im ersten Makkabäerbuch (4,52-59) und im zweiten Makkabäerbuch (10,1-8) beschrieben. Die Bräuche zu Chanukka knüpfen an wunderhafte Züge dieser Überlieferung an.

So bedurfte es zur Tempelweihe rituell reinen (koscheren) Öles, wovon sich nur eine kleine Portion fand. Aber wunderbarerweise reichte dieser verbliebene Rest für acht Tage. Deshalb wird an diesem Fest ein besonderer Leuchter verwendet, einer mit acht Kerzen, dazu kommt ein weiterer, der Schamasch (Helfer oder Diener) genannt wird. Mit dieser Kerze wird an jedem Tag des Festes von rechts nach links (in welcher Richtung auch die hebräische Schrift zu lesen ist) ein weiteres Licht angezündet: Während die Kerzen brennen, ruht jede Arbeit, auch ist während dieser Zeit jeder Streit zu vermeiden. Das Anzünden wird schließlich jeweils durch die Rezitation von Segenssprüchen begleitet. Es heißt, daß Johann Hinrich Wichern, der Gründer des Rauhen Hauses und der evangelischen »Inneren Mission«, einer der Wegbereiter der heutigen Diakonie, in Hamburg, den jüdischen Brauch der Chanukka-Kerzen kennengelernt und daran anschließend Adventskranz und Adventslichter in die christliche Tradition eingeführt habe.

Kinder spielen zu Chanukka ein Spiel, bei dem ein Würfel benutzt wird, dessen vier Seiten je ein Buchstabe ziert. Im Zusammenhang gelesen, ergeben diese den Satz »Ein Wunder ist dort geschehen«. So werden auch hier die Glieder der jüdischen Gemeinschaft von klein auf in die Traditionen des Festkalenders eingeführt.

Insgesamt sind die acht Tage von Chanukka durch Fröhlichkeit und viel Geselligkeit gekennzeichnet. Lieder und Spiele begleiten die häusliche Feier. Die Menschen machen einander Geschenke, besonders den Kindern. In Öl Gebackenes kommt in Erinnerung an das Ölwunder auf den Tisch. Die Mizwa (Gebot) des Ruhehaltens gilt vor allem den Frauen, da es doch eine Frau, Judith, war, die den gegnerischen Feldherrn Holofernes mit rituell zubereitetem Käse so durstig machte, daß sie den Trunkenen ermorden und so zur Überwindung der Unterdrücker beitragen konnte.

## Tu be-Schewat

Das Neujahrsfest der Bäume gehört zu den Naturfesten Israels. Wenn es auch in dem Verheißenen Lande viele heidnische Naturfeste gegeben hat, bevor das Volk Israel in das Land kam, so unterscheiden sich die Feste Israels doch gründlich davon. Sie sind alle dem Einen Gott und Herrn des Universums gewidmet, während Kanaans Religionen zahllose Naturgottheiten kannten. Hintergrund dieses besonderen »Neujahrsfestes« ist das Gebot (3. Mose 19, 23 – 25), die Früchte neugepflanzter Bäume nicht zu verzehren, sie im vierten Jahr im Tempel zu verzehnten und erst im fünften Jahr zu essen. An diesem Tag werden in Israel Bäume gepflanzt.

## Purim

Das am 14. Adar II (= zusätzlicher Schaltmonat) begangene Fest der Lose ist wahrscheinlich das ausgelassenste im jüdischen Kalender. Es trägt karnevalistische Züge mit der Sitte der Kostümierung und des Tragens von Masken. Vor allem Kinder wissen den Trubel zu schätzen, der bei dieser Gelegenheit herrscht. Sogar in den Gottesdienst der Synagoge können Rasseln und Tuten nicht nur mitgebracht, sondern dürfen auch geräuschvoll eingesetzt werden. Immer wenn während der Schriftlesung der Name Hamans, des Kanzlers des Perserkönigs Ahasveros (Xerxes) fällt, setzt das Getöse ein. Die Festrolle des Purimfestes ist das biblische Buch Esther. Denn die zur Königin aufgestiegene Esther war es gewesen, die den Plan des Kanzlers zur massenhaften Tötung der Juden im Perserreich zunichtemachte und damit zur Retterin ihres Volkes wurde. Es ist verständlich, daß diese Geschichte in der jüdischen Gemeinschaft immer wieder neu gestaltet wurde. Eine Besonderheit ist es, daß der spanische Dramatiker Lope de Vega (1562-1635) in der Hoch-Zeit der Inquisition ein Esther-Drama schrieb. Gut 300 Jahre später, als sich 1933 das Naziregime gerade zu etablieren begann, nahm eine verbreitete jüdische Zeitung zum Datum des Purimfestes auf die Esther-Geschichte Bezug und brandmarkte (korrekt nach der Überlieferung) den Kanzler Haman. Am Tag darauf erschien im Parteiorgan der NSDAP ein wütender Artikel, der in der Veröffentlichung der jüdischen Zeitung einen Angriff auf den Reichskanzler Adolf

Hitler und seine Parteiherrschaft sah. Die in jenem Parteiartikel ausgestoßenen Drohungen gegen die Juden in Deutschland, die ihre Duldung angeblich mißbrauchten, wurden durch die spätere Wirklichkeit weit übertroffen.

Die Geschichte von Hamans Judenhaß begann mit seiner Arroganz, mit der er verlangte, daß alle Untertanen des Reiches vor ihm niederknieten. Esthers Onkel, der fromme Mordechai, weigerte sich, dies zu tun. Aus Rachegefühl beschloß Haman die Vernichtung der Juden. Der Zeitpunkt sollte durch das Los (pur) bestimmt werden; daher kommt der Name des Festes Purim (= Lose). Im weiteren Verlauf erfährt der Perserkönig durch Esther, wie loyal Mordechai ihm gegenüber sich verhält, und wie selbstsüchtig Haman sein Handeln im Amt bestimmt. Mordechai kommt zu hohen Ehren, während der untreue Kanzler auf so grausame Weise umgebracht wird, wie er dies für die Juden geplant hatte. Die Juden aber sind alle gerettet.

Diese Überlieferung klingt nach, wenn im Gottesdienst, in Häusern und bei Umzügen im Freien viel Trubel veranstaltet wird. In Europa, und zum Teil in anderen Regionen, wird jener Teil der Geschichte, der von der geplanten Vernichtung der Juden handelt, mit dem Holocaust, der Schoa, unter der Naziherrschaft in Verbindung gebracht.

## Pesach

Bei diesem Fest der ungesäuerten Brote handelte es sich ursprünglich um ein Naturfest: die Feier der Gerstenernte. Es ist eins der traditionellen Wallfahrtsfeste im Judentum und tief verankert in der häuslichen Feier mit der Familie. Unterdessen ist es dem Gedenken an die Befreiung aus dem Sklavenhause und dem Auszug aus Ägypten geweiht. Es beginnt mit dem Sederabend am 14. Nisan und dauert 8 Tage bis zum Abend des 22. Nisan. Bei der feierlichen Mahlzeit wird die Erinnerung an den Exodus nach der Erzählung der Pesach-Haggada (= Erzählung) begangen. Dieses Mahl feierte Jesus, nach der Überlieferung des Neuen Testaments, bei seinem letzten Zusammensein mit den Jüngern. Es ist bis heute wichtiger Mittelpunkt im Leben jüdischer Familien. Für die Sedertafel steht traditionell besonderes Geschirr zur Verfügung. Aus der Vergangenheit sind in manchen Familien, aber auch in Sammlungen jüdischer Museen, wunderschöne Stücke davon erhalten.

Nachdem der Vater der Familie die Mahlzeit mit dem Segensspruch über dem Kelch eröffnet hat, steht im folgenden Geschehen die runde Seder-Platte mit ihren reichen Symbolen im Mittelpunkt. Bitterkräuter erinnern an die Zeit des Leidens und der Entbehrungen unter ägyptischer Herrschaft. Fruchtmus (Charosset) symbolisiert den Mörtel, mit dem die Israeliten Häuser für die Ägypter errichten mußten. Petersilie und Sellerie stehen für die Hoffnung, die sie dennoch nicht verließ. Ein hartgekochtes Ei bedeutet die Trauer über die Zerstörung des Jerusalemer Tempels. Das Pesachopfer im Tempel wird mit einem gebratenen Knochen dargestellt. Salzwasser schließlich steht für die Tränen des Volkes in der Sklaverei.

Der Name des Festes gemahnt an die Verschonung (Übergehung: Pesach) der Angehörigen des Volkes, als der Würgeengel nach biblischer Tradition alle Erstgeburten des Landes tötete außer in denjenigen Häusern, die durch Blut als tabu gekennzeichnet waren, weil dort die Kinder Israels wohnten. Auch die Mazzen, die ungesäuerten Brote, gehen auf die biblische Exodusgeschichte zurück. Die Menschen mußten in jener Situation ohne Sauerteig backen. Beim Sedermahl haben die Familienmitglieder oft ein Exemplar der Pesach-Haggada vor sich liegen, um dem Erzählen der wichtigen Ereignisse gut folgen zu können. Ein Brauch, der sich zuweilen auch bei anderen Festlichkeiten findet. Der letzte Tag des Pesachfestes ist zugleich der 1.Omer, der erste in einer Reihe von 49/50 Trauertagen (im Rahmen der sog. Omerzählung = Zählung der Trauertage).

## Lag ba-Omer

In den sieben Wochen der Trauerzeit werden verschiedene Bräuche gepflegt. Sie bedeuten auch, daß man sich von Heiterkeit und Fröhlichkeit zurückhält. Das Gedenken an die Tausende von Opfern in den Bar-Kochba-Aufständen findet zum Beispiel Ausdruck im Verzicht auf das Tragen neuer Kleider, im Unterlassen der Bartrasur und ähnlichem. Am 33. Omer werden die Trauerbräuche unterbrochen, zur Erinnerung daran, daß an diesem Tag das Sterben aufhörte.

Der Lag ba-Omer ist, gleichsam als Insel in der langen Trauerzeit, ein beliebter Zeitpunkt für bis dahin aufgeschobene Hochzeiten. Auch werden nun Schulausflüge und Sportveranstaltungen veranstaltet, und der Abend bietet ein festliches Feuerwerk. Die Sitte, Kinder im Freien mit Pfeil und Bogen spielen zu lassen, läßt Gedanken an Gottes Bund mit Noah anklingen, als der Herr zum Zeichen des Friedens seinen Bogen in die Wolken stellte.

Der Aufstand gegen die Römer, an den in dieser Zeit erinnert wird, hebt ein wichtiges Moment jüdischer Geschichte und jüdischen Selbstverständnisses hervor. Dies sollte davor bewahren, Juden in den verschiedenen geschichtlichen Epochen ausschließlich in der Rolle von Opfern zu sehen. Bis in die Zeit des Nationalsozialismus in Deutschland und Europa, ja bis hin in die Vernichtungslager hat es Widerstand und Aufruhr gegeben. An dem Grundzug der Trauer der Omerzeit ändert solche Klarstellung allerdings nichts. Auf den 49. Omer, den 5. Sivan, folgt ein weiteres Fest, das aus einem Erntefest hervorgegangen war: Schawuot.

## Schawuot

Das Wochenfest (griech. pentä kostä = Pfingsten = 50 Tage nach Pesach) bot einst Gelegenheit, die ersten Erntegaben Gott im Tempel darzubringen, und wird heute zum Gedenken und Dank für Gottes wichtigste Gabe an sein Volk begangen: Der Empfang der Tora am Sinai wird hier gefeiert. Die Tora ist nicht nur geschichtliche und zugleich überzeitliche Urkunde des Bundes zwischen Gott und Israel, sondern auch Dokument und Garant der Auserwählung. Der Aufklärungsphilosoph Moses Mendelssohn (1729-1786) und der Gelehrte und Bibelübersetzer Franz Rosenzweig (1886-1929) haben diese Einmaligkeit der Gabe der Tora als Grund dafür angegeben, daß sie niemals zum Christentum konvertieren wollten.

Schawuot ist, verglichen mit der Symbolfülle zu Pesach, bescheidener ausgestattet. Dennoch werden Wohnungen und Synagogen mit Zweigen und Blumen geschmückt, um der Festfreude Ausdruck zu verleihen. Der Ursprung der Schawuottage, am 6. und 7. Sivan, liegt in einem Naturfest und hat wohl zur Verknüpfung der Traditionen mit dem biblischen Ruth-Büchlein beigetragen. Von der Weizenernte wird dort berichtet, aber auch von Beispielen der Nächstenliebe, der Fürsorge für Arme und Witwen. Es sei vermerkt, daß zur Zeit des Tempels an diesen Tagen die Schaubrote neu gebacken wurden. Doch der Dank für die göttliche Weisung (Tora) bleibt der Mittelpunkt dieses Wallfahrtsfestes.

## Tischa be-Aw

Am 9./10. Aw wird in der Synagoge der Zerstörung des Tempels zu Jerusalem gedacht, des ersten, salomonischen Tempels im Jahre 586 vor unserer Zeitrechnung durch die Truppen des babylonischen Königs Nebukadnezar, und des zweiten, des herodianischen Tempels im Jahre 70 unserer Zeitrechnung durch die Römer des Feldherrn Titus.

Auf den Monat Aw folgt mit Elul der letzte Monat des Jahres. Es beginnt wieder die Zeit der Selbstprüfung und Vorbereitung auf Rosch Haschana. Ein neuer Jahreskreis beginnt. Gleichsam sich mit den Jahresläufen überschneidend ist jüdische Religiosität – wie auch die Frömmigkeit anderer Religionen – von der Deutung des Lebens an den verschiedenen Stationen des individuellen Lebenslaufes bestimmt. Beide Zyklen ergänzen sich gegenseitig, nicht nur für den einzelnen Gläubigen, sondern auch für die Gemeinde in der Synagoge.

# 1.4 Feste am Lebensweg

## Beschneidung

Allen männlichen Nachkommen wird bald nach der Geburt die Vorhaut beschnitten. Das Gebot besteht von altersher und ordnet die Beschneidung als ein Zeichen des Bundes mit Gott an. In der gottesdienstlichen Zeremonie wird der Name des Kindes vor Gott genannt und damit der Familie Israels, der die Gabe der Weisung gilt, zugeordnet. Für Mädchen besteht keine vergleichbare Feier. Für sie gibt es die Namensnennung und ein Gebet des Rabbiners.

Im Beschneidungsgottesdienst rezitiert der Vater des Kindes aus der Genesis (1. Mose, 17,9-10) Gottes Wort an Abraham: »Du aber halte meinen Bund, du und deine Nachkommen nach dir durch alle Geschlechter. Dies aber ist mein Bund, den ihr halten sollt zwischen mir und euch und deinen Nachkommen nach dir: Alles Männliche unter euch soll beschnitten werden.«

Im Vordergrund der Beschneidung steht mit dem Bezug auf Gottes Bund die geistliche Bedeutung des Ritus. In diesem Sinne ist im

Deuteronomium, dem 5. Buch Mose, von der Beschneidung des Herzens die Rede. Eine Wendung, die sich auch in der Verkündigung des Propheten Jeremia findet. Deuteronomium 30,6 hat einen Platz in der Feier der Beschneidung: »Der Herr, dein Gott, beschneidet dir und deiner Nachkommenschaft das Herz, daß du den Herrn, deinen Gott, aus ganzem Herzen und ganzer Seele um deines Lebens willen liebst.«

Die bei der Beschneidungsfeier Anwesenden sprechen zum Abschluß gemeinsam ein Segenswort: »Nun ist er in den Bund eingetreten, so möge er auch der Segnungen der Tora teilhaftig werden, der Ehe und der guten Taten.«

## Bar Mizwa/Bat Mizwa

Im Alter von 13 Jahren werden jüdische Jungen nach vorbereitendem Unterricht vollgültige Mitglieder der Synagogengemeinde. Sie werden Bar Mizwa (Sohn des Gebotes, Sohn der Pflicht), legen zum ersten Mal die Gebetsriemen an und zählen von nun an beim Minjan, der für einen Gottesdienst notwendigen Mindestzahl (10) von Anwesenden mit. Mädchen werden mit 12 Jahren Bat Mizwa (Tochter des Gebots, Tochter der Pflicht). In liberalen Gemeinden zählen sie beim Minjan, in anderen nicht.

Höhepunkt des Bar Mizwa-/Bat Mizwa-Gottesdienstes ist der Augenblick, in welchem der junge Mensch zum ersten Mal vor der Gemeinde die Lesung des für den Sabbat vorgegebenen Abschnittes aus der Torarolle übernimmt.

Ehrenämter im Gottesdienst und in der Gemeinde, die Übernahme von Segnungen usw. stehen den jungen Menschen nun offen. Entsprechend seiner Bedeutung wird dieses Fest in der Synagoge und in der Familie gebührend gefeiert.

Ein Gebet für diese Jugendlichen bringt die umfassende Gültigkeit des Aktes zum Ausdruck: »In der Tora habe ich das Wort Gottes gelesen. Möge ich mit Deiner Hilfe auf dem Wege fortschreiten, es in meinem Leben zu erfüllen.«

## Heirat

Von altersher hat die Sexualität in der jüdischen Religion einen absolut positiven Wert. In der rabbinischen Literatur finden sich immer wieder Aussprüche des Lobes der Sexualität. Außereheliche Sexualität wird in der Regel ebenso abgelehnt wie Verhaltensweisen, die als sexuell pervers gelten. Dies führt dazu, daß die Ehe in den Rang einer religiösen Pflicht kam.

Die Institution der Ehe gilt folgerichtig als heilig, wenn sie auch nicht als Sakrament betrachtet wird. Der Traugottesdienst in der Synagoge findet unter einer Chuppa statt, einem mit Blumen und Zweigen geschmückten Baldachin.

Gotteslob wie aus den Psalmen 84 (»Wie freundlich ist Deine Wohnung, Herr aller Schöpfung«) und 100 (»Jauchzt dem Herrn auf der ganzen Erde, dient dem Herrn mit Freuden«) leiten die Zeremonie ein. Bräutigam und Braut geben einander das Eheversprechen, die Ringe werden gewechselt. Das Paar trinkt aus einem gemeinsamen Becher Wein. Der Ehevertrag wird verlesen. Der Bräutigam zerbricht ein Glas. Der Rabbiner spricht dreimal den Priestersegen. Die geschlossene Ehe wird vor Gott als heilig und gültig erklärt.

Für die gültige Scheidung einer Ehe ist der Spruch eines Bet Din, einer religiösen Rechtsinstanz im Judentum, Voraussetzung. Der sprichwörtliche Scheidebrief des Mannes, für die Frau Voraussetzung für eine Wiederheirat, ist heute lediglich in orthodoxen Gemeinschaften bekannt.


## Tod, Bestattung und Trauerbräuche

Wie in allen Bereichen jüdischen Glaubens und religiöser Praxis ist auch der Umgang mit Tod und Trauer vom Blick auf Gott als den Schöpfer des Universums beherrscht. Ein Zitat aus dem Talmud kann dies erhellen: »Als Adam zum ersten Mal den Sonnenuntergang sah und die Schöpfung in immer tieferes Rot getaucht, erfüllte Schrecken seine Sinne. Da erfaßte Gott Mitleid mit ihm, und er ließ ihn aufgrund göttlicher Eingebung zwei Steine aufnehmen – der Name des einen war ›Finsternis‹ und der Name des anderen ›Schatten des Todes‹ – und diese gegeneinander reiben und so das Feuer entdecken. Daraufhin rief Adam in dankbarer Freude aus: ›Gesegnet sei der Schöpfer des Lichts!‹«

In einem der Gebete für Verstorbene heißt es: »Hilf uns zu bedenken, daß die Seele nicht stirbt und unser(e) liebe(r) Verstorbene(r) zu jener ewigen Heimat gegangen ist, die Du für uns bereitet hast, wenn unser Werk auf Erden getan ist und unsere Zeit um ist. Öffne ihm/ihr die Tore der Barmherzigkeit. Möge er/sie zum immerwährenden Frieden eingehen. In Deinem Licht sehen wir über die Grenzen des Todes hinaus auf das Leben, das kein Ende hat.« Es entspricht dieser Sicht, daß ein sterbender Mensch mit dem Glaubensbekenntnis Israels an den Einen Gott aus dem Leben scheiden soll.

Mit dem Preis des Heiligen werden Tote zur letzten Ruhe gebettet. Feuerbestattung ist in Reformgemeinden möglich, in orthodoxen dagegen nicht gestattet. Mit der Beerdigung ist dem Gestorbenen ein Ruheplatz bis zum Ende der Zeiten verliehen, das heißt bis zum Kommen des Messias. Dies macht Schändungen oder gar Aufhebungen und Vernichtungen jüdischer Friedhöfe oder Grabstellen so frevelhaft. Von der Religion her können diese Plätze niemals geschlossen werden. Wer sie besucht, legt am Grab von Angehörigen, Freunden oder verehrten Persönlichkeiten ein Steinchen zum Gedenken nieder. Oftmals wird unter dem Stein ein Zettel mit einem Segensspruch oder einem anderen Votum hinterlassen.

## 1.5 Weitere Feste

Der Blick in den jüdischen Festkalender macht deutlich, daß in dieser Religion immer wieder Ereignisse der Geschichte religiös gedeutet wurden, was zu einem neuen Fest- oder Gedenktag führte. Jüngste Beispiele sind der eine Woche auf Pesach folgende

*Jom ha-Schoa,* an dem mit dem Entzünden von Gedenkkerzen und Gottesdiensten der jüdischen Opfer des Holocaust, der Schoa, der Massenvernichtung unter den Nazis, gedacht wird, und

*Jom ha-Azma'ut,* der Tag der Unabhängigkeitserklärung des Staates Israel am 5. Ijar. Die Nationalhymne dieses Staates spricht von der

Zionssehnsucht und unterstreicht somit die enge Wechselbeziehung zwischen historischen Erfahrungen und religiösem Glauben. Beide werden unter dem einen Bekenntnis gesehen, das in Deuteronomium 6,4 lautet: »Höre, Israel! Der Herr, unser Gott, ist der einzige Herr! Du sollst den Herrn, deinen Gott, lieben aus deinem ganzen Herzen, aus deiner ganzen Seele und mit all deiner Kraft!«

# Ausgewählte Literatur

BAUMANN, Arnulf H. (Hg.) im Auftrag des Arbeitskreises »Kirche und Judentum« der VELKD und des Deutschen Nationalkomitees des Luth. Weltbundes: Was Jeder vom Judentum wissen muß. GTB 788, Gütersloh: Gütersloher Verlagshaus 1993[7].

BÄTZ, Kurt: Judentum. Wege und Stationen seiner Geschichte. Stuttgart: Calwer Verlag 1984.

BIRNBAUM, Philip: Encyclopedia of Jewish concepts. New York: Hebrew Publ. 1979[3].

HANNOVER; Joyce: Gelebter Glaube. Die Feste des jüdischen Jahres. GTB 778, Gütersloh: Gütersloher Verlagshaus 1986.

KLÖCKER, Michael / TWORUSCHKA, Monika / TWORUSCHKA, Udo (Hgg.): Wörterbuch Ethik der Weltreligionen. GTB 720, Gütersloh: Gütersloher Verlagshaus 1996[2].

LAU, Israel M.: Wie Juden leben. Glaube, Alltag, Feste. Gütersloh: Gütersloher Verlagshaus 1990[2].

LOTH, Heinz-Jürgen: Heilige Stätten im Judentum. In: Udo Tworuschka (Hg.): Heilige Stätten. Darmstadt: Wissenschaftliche Buchgesellschaft 1994, S. 44-69.

MASER, Peter (Hg.): An uns ist es zu preisen. Eine Auswahl aus dem jüdischen Gebetbuch, Konstanz: Christliche Verlagsanstalt 1991.

SCHOEPS, Julius H. (Hg.): Neues Lexikon des Judentums. Gütersloh/München: Bertelsmann Lexikon Verlag 1992.

TREPP, Leo: Die Juden. Volk, Geschichte, Religion. Reinbek: Rowohlt 1992[2].

TWORUSCHKA, Monika und Udo: Weltreligionen – Kindern erklärt. Gütersloh: Gütersloher Verlagshaus 1996.

# 2. CHRISTENTUM

## 2.1 Hinführung: Zur Typik des Christentums

### Östliches Christentum

Durch die unterschiedlichen Sprachen (griechisch und lateinisch) lebten sich Ost- und Westkirchen auseinander. Der Streit um den Ostertermin war eher ein vordergründiger Konflikt zwischen den Kirchen mit lateinischem oder griechischem Ritus. Papst Gregor XIII. hatte 1582 den Kalender des Julius Cäsar den neueren wissenschaftlichen Erkenntnissen zur Sonnenjahrsberechnung angepaßt. Dieser »gregorianische« Kalender ist dem julianischen Kalender um 13 Tage voraus. Ein Teil der östlichen Kirchen übernahm nach und nach den gregorianischen Kalender. Die koptische und äthiopische Kirche rechnen allerdings noch mit dem alten ägyptischen Kalender.

Im 8. Jahrhundert kam der Streit um die Bedeutung der Bilder hinzu: Die Bilderverehrung war am Anfang generell verboten (»Du sollst dir kein Bildnis von Gott machen ...«), setzte sich in den östlichen Kirchen jedoch nach und nach durch bis hin zu den im frühen Mittelalter entstehenden Bilderwänden (Ikonostasen), die den Raum des Heiligen (nur dem Priester zugänglich) vom Raum der übrigen Gläubigen trennte.

Darüber hinaus entwickelten sich in den östlichen und westlichen Kirchen unterschiedliche Meßformulare; es gab Streit um die Zuordnung der verschiedenen göttlichen »Personen« zur Trinität (Wesenseigenschaften Gottes als Vater, Sohn, Heiliger Geist, letzterer auch sophia = Weisheit und damit ursprünglich noch weiblich).

Innerhalb des östlichen Christentums entstanden die oströmische Reichskirche (byzantinische Kirche) als Staatskirche, sowie eine Reihe stärker ethnisch orientierter Kirchen, die allerdings mehr oder minder starke Verbindungen zum Patriarchat von Konstantinopel pflegten. Die bekanntesten *orthodoxen Kirchen* sind (etwa in der Reihenfolge ihres Entstehens):

- Patriarchat von Jerusalem
- Patriarchat von Antiochien
- Patriarchat von Alexandrien (koptisch)
- Ökumenisches Patriarchat von Konstantinopel und griechisch-orthodoxe Kirche
- Äthiopische Kirche (koptisch)
- Erzbistum Sinai
- Armenische Kirche
- Russisch-Orthodoxe Kirchen (Patriarchat von Moskau)
- Patriarchat von Georgien (in jüngster Zeit zum Patriarchat erhoben)
- Balkan-orthodox: serbisch, bulgarisch, rumänisch, mazedonisch, albanisch
- Kirche von Zypern
- Finnisch-orthodoxe Kirche
- Polnisch-orthodoxe Kirche
- Slowakisch-orthodoxe Kirche

## Altorientalische Kirchen

Ein Teil der orientalischen Kirchen (z.T. Nestorianer) wurde wegen abweichender Lehrmeinungen (hauptsächlich die Stellung Jesu in der Trinität betreffend) aus den orthodoxen Kirchen ausgeschlossen und überlebte z.T. bis heute in den islamisch beherrschten Ländern, z.B. die Nestorianer, Assyrisch-Orthodoxen und weitere arianisch geprägte Kirchen, deren Existenz nur noch rudimentär festzustellen ist (z.B. im Irak). Die germanischen Völker hingen zum Teil dem Arianismus an (Christus ist gottähnlich, nicht gottgleich), ehe sie durch iro-schottische Mönche lateinisch-katholisch wurden. Die bekanntesten *altorientalischen Kirchen* sind:

- Koptisch-orthodoxe Kirche von Ägypten (ursprünglich: Patriarchat Alexandria)
- Äthiopisch-orthodoxe Kirche
- Syrisch-orthodoxe Kirche (die Maroniten sind der mit Rom seit 1445 unierte Teil)
- Apostolische und Katholische Kirche des Ostens (Nestorianer)
- Armenisch-apostolische Kirche

## Katholisch-lateinisches Christentum

Das westliche Christentum mit Rom als Zentrum bestand in einer einheitlichen Kirche im großen und ganzen bis zur Reformation im 16. Jahrhundert fort. Die Kirche wurde und wird von Rom aus durch den Bischof von Rom hierarchisch geleitet: den Papst im Sinne des Nachfolgers des Jüngers Petrus und des Stellvertreters Christi auf Erden (vicarius Christi).

## Protestantisches (evangelisches) Christentum

Als Reformbewegung, teilweise ausgesprochen antirömisch, gingen die evangelischen Kirchen (Protestanten) aus der lateinisch-katholischen Kirche hervor. Die Reformation des 16. Jahrhunderts führte faktisch zur Kirchenspaltung, die sich besonders an den Fragen des Abendmahls, der Messe, des Priesteramtes, am Papsttum und an der Stellung der Maria im Kontext weiterer christlicher Glaubensaussagen zuspitzte.

Was den Kultus betrifft, so läßt sich eine Reduzierung der Rituale, der Sakramente (von sieben auf zwei), Ablehnung der Heiligen- und Reliquienverehrung, starke Rückbesinnung auf die Bibel als »Heilige Schrift« und damit letztlich als alleinige Richtschnur und ein Aufblühen der gottesdienstlichen Predigt feststellen.

Auch im Protestantismus entwickelten sich mehrere Typen:

*Lutherisch:* hauptsächlich durch Martin Luther (1483-1546) und Philipp Melanchton (1497-1560) geprägt. Im Gottesdienst steht der lutherische »Typ« noch der katholischen Messe nahe (ausgenommen der Meßopfergedanke).

*Calvinistisch* bzw. *reformiert:* hauptsächlich durch Huldrych Zwingli (1484-1531) und Johannes Calvin (1509-1564) geprägt. Hier findet eine weitere Reduzierung des Kultus und eine Abkehr vom römischen Meßformular statt.

*Anglikanisch:* durch Heinrich VIII. (1491-1547) als Abspaltung von der katholischen Kirche im Jahre 1534 entstanden.

*Uniert*: (Verwaltungs)-Unionen von lutherischen und reformierten Kirchen.

Aus den protestantischen Frömmigkeitsstilen entwickelten sich eine Fülle weiterer Kirchen und religiöser Gruppen, die von den herrschenden Kirchenregimentern teilweise heftig verfolgt wurden, so daß viele dieser Gruppen in die Neue Welt auswanderten. Die Folgewirkung war und ist eine erhebliche Aufgliederung, ja zuweilen Aufsplitterung des Protestantismus, wie sie sich besonders vielfältig in den (ehemaligen Einwanderer)-Kirchen und Neubildungen der USA zeigt.

## 2.2 Das Kirchenjahr im Christentum

Der christliche Festkalender gründet sich auf Tage, Wochen, Monate und Jahre und hat als Basis den gregorianischen bzw. noch julianischen Kalender. Teilweise haben die Kirchen ein Kirchenjahr entwickelt, das nicht am 1. Januar sondern später im Kalenderjahr beginnt. Damit haben wir zwei verschiedene Zeitfaktoren: Das *Jahr* (als Sonnenjahr gerechnet = 365 Tage) vom ersten Januar an, das die christliche Zeitrechnung im Unterschied zur islamischen Zeitrechnung (als Mondjahr = 354 Tage) prägt und das *Kirchenjahr*, das die westlichen Kirchen am 1. Advent beginnen lassen. Die Jahreszählung beginnt mit dem Jahr 0, dem ursprünglich vermuteten Jahr der Geburt Christi. Entsprechend wird gezählt 0-1 = Jahr 1 (A.D. = Anno Domini = i. Jahre d. Herrn bzw. n.Chr. = *nach Christus*). Das Kirchenjahr entwickelt sich aus den großen Festen des Christentums. Ihm sind liturgische Farben zugeordnet (Gewänder und Altarbehänge in grün, violett, weiß, rot und schwarz).

Im Jahreskreis spielt die *Woche* eine wichtige Rolle: Die siebentägige jüdische Woche wurde insofern verändert, als der erste Tag der Woche (nach dem Sabbat), der Sonntag, wegen der Auferstehung Christi zum »Herrentag« und damit zum Feiertag gemacht wurde, während die Zählung gleich blieb. Die Stellung des Herrentages wird auch während der Fastenzeit eingehalten, wobei das Fastengebot in den Kirchen unterschiedlich ausgelegt wird. Die Graphik (S. 35) folgt überwiegend dem Ritus der westlichen Kirchen. In der Orthodoxie dauert z. B. die Fastenzeit vor Weihnachten länger als im Westen. Die *Monate* bilden eine Mischung aus dem römischen (julianischen) und dem korrigierten römisch-christlichen Kalender (gregorianischen Kalender). Die Monatsnamen sind Zahl- oder Götternamen:

| | | |
|---|---|---|
| *Januar/Jänner* | = | Janus (altitalischer Gott des Jahresanfangs) |
| *Februar* | = | lat. februare = reinigen (Sühnopfermonat des röm. Jahres) |
| *März* | = | 1. Monat des röm. Jahres, bezogen auf Mars = röm. Kriegsgott |
| *April* | = | aus lat. aperire = öffnen (Eröffnung, 2. Monat des röm. Jahres) |
| *Mai* | = | Jupiter maius, der Wachstum bringende Gott |
| *Juni* | = | Juno, Genitiv Junii, röm. Göttin |
| *Juli* | = | Julius Cäsar (zu Ehren der julianischen Kalenderreform) |
| *August* | = | zu Ehren des ersten Kaisers Augustus (Octavian) |
| *September* | = | der 7. Monat (im röm. Jahr) |
| *Oktober* | = | der achte Monat (im röm. Jahr) |
| *November* | = | der neunte Monat (im röm. Jahr) |
| *Dezember* | = | der zehnte Monat (im röm. Jahr) |

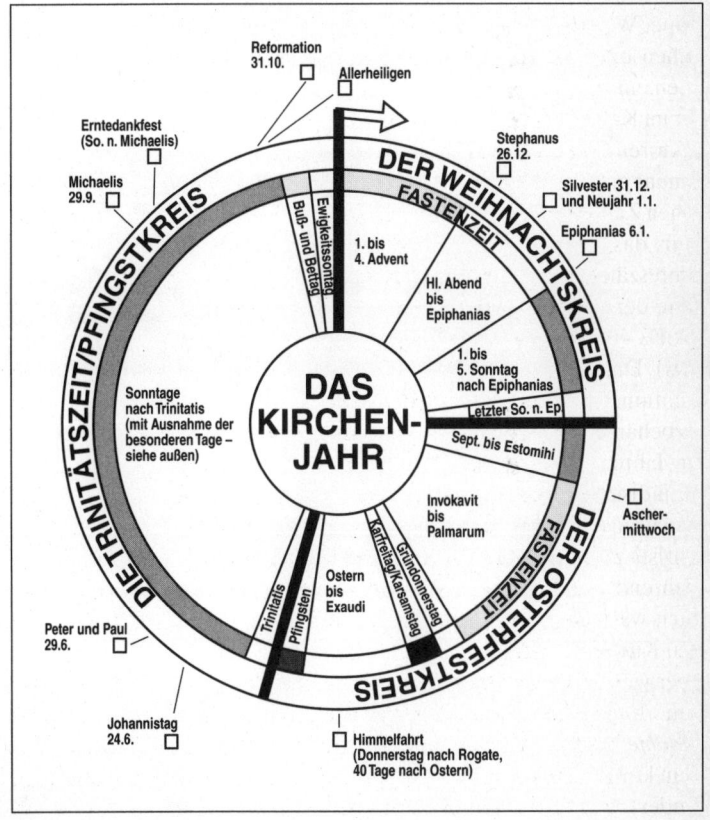

35

# Die Abfolge der Feste (in Auswahl)

Die Kirchenjahrszeit ist nach dem Rhythmus der westlichen Kirchen aufgegliedert. Bei der Übersicht ist dem Datum der westlichen Kirchen im Zweifelsfalle der Vorzug gegeben worden. Zuweilen konnten sogar wichtige Feste einzelner Kirchen nicht aufgeführt werden.

Es gestaltet sich vielmehr außerordentlich schwierig, die Festdaten in einer Übersicht so exakt anzugeben, daß alle großen christlichen Traditionen gebührend berücksichtigt werden, zumal es eine Fülle regionaler Abweichungen gibt.

| | | |
|---|---|---|
| 1. Adventssonntag | Beginn des christlichen Jahres (Kirchenjahr) | Westliche Kirchen |
| 5. Dezember | Tag des Hl. Charbal Makhlouf, der 1935 von Pius XII. heilig gesprochen wurde | Maroniten |
| 8. Dezember | Hochfest der ohne Erbsünde empfangenen Jungfrau und Gottesmutter Maria | Katholisch |
| 11. Dezember | Thaddäus und Bartolomäus brachten das Evangelium nach Armenien | Armenisch |
| 24. Dezember | Heiligabend, Vorabend der Geburt Christi | Westliche Kirchen |
| 25.Dezember | christliches Weihnachten: | |
| | Fest der Geburt Jesu Christi | Westliche Kirchen/ griech.-orthodox |
| 26. Dezember | Tag der Steinigung des Stephanus, des ersten Märtyrers der Kirche | Westliche Kirchen und Orthodoxie (einen Tag später) |
| 28. Dezember | Erinnerungstag an den Kindermord in Bethlehem = Tag der unschuldigen Kinder | Westliche Kirchen |
| 1. Januar | Beginn des Jahres nach der christlichen Zeitrechnung (A.D. = Anno Domini = im Jahr des Herrn = nach Christus) | weltweit |
| 1. Januar | Fest der Namengebung Jesu und seine Beschneidung | griechisch-orthodox anglikanisch |
| 5. Januar | Gedenktage für David (Prophet und König) und den Apostel Jakobus, den Patron der Armenier | Armenier |
| 6. Januar | Weihnachtsfest des östlichen Christentums in drei Varianten: a) Geburt Jesu | Orthodoxie, außer griech.-orth |

|  |  |  |
|---|---|---|
|  | b) Darstellung Jesu im Tempel | |
|  | c) Taufe Christi ( = Epiphanie = Erschei-<br>nung) | Orthodoxie |
|  | Zusätzlich: Beginn der Passion | |
| 6. Januar | Fest der Erscheinung des Herrn<br>(= Epiphanias, aber auch Ankunft<br>der drei Weisen = Heilige Drei Könige)<br>Epiphanias (Erscheinungsfest, eigentlich<br>Verdoppelung des Weihnachtsfestes) | |
| 7. Januar | Märtyrertod des Hl. Stephanus | Armenisch |
| 8. Januar | Gedenktage an das Martyrium des Petrus<br>und Paulus | Armenisch |
| 11. Januar | Gedenktage an die Apostel Jakobus<br>und Johannes | Armenisch |
| 14. Januar | Neujahr | Armenisch |
| 17. Januar | Fest des Hl. Antonius (Wüstenvater) | Maroniten |
| 18. Januar | Fest des Hl. Antonius (Wüstenvater) | Orthodoxie |
| 18. Januar | Heilige Nacht | Armenisch |
| 19. Januar | Geburt und Taufe Jesu (= Epiphanie) | Armenisch |
| 20. Januar | Fest des Hl. Theodosius<br>(Oström. Kaiser: 379-395) | Griech.- orthodox |
| 20. Januar | Fest Johannes des Täufers | Syrisch-orthodox |
| 21. Januar | Märtyrertod des Stephanus | Syrisch-orthodox |
| 22. Januar | Beginn des Osterfastens | Koptisch |
| 26. Januar | Theophanie = Gotteserscheinung meint<br>hier: Beschneidung Jesu | Armenisch |
| 28. Januar | Geburt Johannes des Täufers | Armenisch |
| | | |
| 2. Februar | Darstellung Jesu im Tempel | Viele Kirchen |
| 2. Februar | Mariä Lichtmeß (Reinigung der Maria) | Katholisch |
| 9. Februar | Tod des Hl. Maron,<br>Klostergründer im 7. Jh. im Libanon | Maroniten |
| 12. Februar | Fest der »großen« Theologen: Basilius<br>der Gr., Johannes Chrysostomos,<br>Gregor der Gr. | Orthodoxie<br>(Griechisch-Ortho-<br>doxe s. 31. Jan.) |
| Aschermittwoch | Beginn der vorösterlichen Fastenzeit<br>(40 Tage bzw. 6 Wochen vor Ostern) | hauptsächlich<br>Katholisch |
| | | |
| 1. Freitag<br>im März | Weltgebetstag der Frauen | Weltweit |
| 7. März | Vertreibung von Adam und Eva<br>aus dem Paradies | Armenisch |
| 9. März | Gedenktag an 40 Märtyrer | Maroniten und<br>Orthodoxie |

| | | |
|---|---|---|
| 17. März | Gedenktag für den Hl. Patrick, Missionar Britanniens und Irlands | Katholisch/ anglikanisch |
| 19. März | Josefstag, der Verlobte der Gottesmutter | Katholisch |
| 25. März | Ankündigung der Geburt Christi durch den Engel Gabriel 9 Monate vor Weihnachten | Katholisch/ anglikanisch/ orthodox |
| 3. April | Tag des Hl. Gregor, des Gründers der armenischen Kirche | Armenisch |
| 23. April | Fest des Hl. Georg | Katholisch/ anglikanisch/ orthodox |
| März/April | Heilige Woche, beginnend mit dem Palmsonntag | Alle Konfessionen |
| März/ April | Karfreitag, Todestag Jesu | Alle Konfessionen |
| März/ April | Ostern: Auferweckung Jesu | Alle Konfessionen |
| 25. April | Der Apostel Markus erhält die Märtyrerkrone | Koptisch |
| 8. Mai | Fest des Hl. Markus, der das Evangelium nach Alexandria und ganz Ägypten brachte | Koptisch |
| April/ Mai | Fest der Hl. Tabitha (auch am 7.11.) am 4. Sonntag nach Ostern mit Bezug auf Apg 9, 36-42 | Russisch-orthodox |
| Mai (Donnerstag) | Himmelfahrt Christi, 40 Tage nach Ostern | Alle Konfessionen |
| 1. Juni | Flucht der heiligen Familie nach Ägypten | Koptisch |
| Mai/Juni | Pfingsten: Aussendung des Heiligen Geistes, 50 Tage nach Ostern, Gründungsdatum der Kirche | Alle Konfessionen |
| Mai/Juni | 1 Woche nach Pfingsten Dreieinigkeitsfest (Trinitatis) zur Erinnerung an das Trinitätsdogma | Westliche und östliche Kirchen |
| Mai/ Juni | Trinitatis = Beginn des orthodoxen Kirchenjahres, das bereits am 1. Adventssonntag endet | Orthodox (außer griechisch-orthodox) |
| Juni | Fronleichnam: 10 Tage nach Pfingsten | Katholisch |
| Juni/Juli | Herz-Jesu-Fest (2. Freitag nach Fronleichnam) | Katholisch |
| 24. Juni | Geburtstag Johannes des Täufers | Westliche und östliche Kirchen |
| 29. Juni | Peter und Paul: Erinnerung an den Märtyrertod des Paulus und des Petrus in Rom | Meist westliche Kirchen |

| | | |
|---|---|---|
| 2. Juli | Mariä Heimsuchung: Besuch Marias bei Elisabeth | Katholisch |
| 2. Juli | Fest der Heiligen Elisabeth, der Mutter Johannes des Täufers, deren Bild man 1579 in Kazan auffand | Russisch-orthodox |
| 16. Juli | Tag des Apostels Thomas | Syrisch-orthodox |
| 16. Juli | Fest der Virgen del Carmen (Hl. Jungfrau vom Berg Karmel) | Katholisch (in Lateinamerika) |
| 31. Juli | Gedenken an 350 Mönche, die das Martyrium erlitten | Maroniten |
| 31. Juli | Tag des Hl. Thaddäus | Armenisch |
| | | |
| 6. August | Verklärung Jesu | Westliche Kirchen |
| 15. August | Mariä Himmelfahrt, Aufnahme Mariens in den Himmel | Katholisch |
| 15. August | Tag der Maria | Anglikaner |
| 22. August | Mariä Himmelfahrt | Koptisch |
| 28. August | Tod der Maria | Orthodox |
| 28. August | Himmelfahrt der Maria | Syrisch-orthodox |
| 29. August | Himmelfahrt der Maria | Armenisch |
| | | |
| 8. September | Beginn des neuen Jahres | Äthiopisch |
| 8. September | Geburt Marias, der Mutter Jesu | Katholisch |
| 11. September | Geburt der Maria | Orthodox |
| 11. September | Tod Johannes des Täufers | Orthodox |
| 21. September | Geburt der Maria | Syrisch-orthodox |
| 14. September | Anfang des Kirchenjahres | Griech.-orthodox |
| 29. September | Tag des Erzengels Michael und aller Engel | Westliche Kirchen |
| | | |
| 8. Oktober | Fest der Hl. Birgitta | Katholisch/ Schweden |
| Oktober/ November | Auf der nördlichen Halbkugel: Erntedankfest, Thanksgiving in der englischsprachigen Tradition | Viele Konfessionen |
| 31. Oktober | Reformationstag | Evangelisch |
| 31. Oktober | Halloween | Katholisch/ iro-schottisch u.a. |
| | | |
| 1. November | Allerheiligen: Gedenktag für alle Heiligen, Vorabend: Halloween | Katholisch Kath./iroschottisch |
| 2. November | Allerseelen = Gedenktag für die Verstorbenen und Fürbitte für sie | Katholisch |
| 9. November | Das Haupt des Apostels Markus wird gefunden | Koptisch |

| 11. November | Martinstag – Erinnerung an | |
|---|---|---|
| | Martin von Tours | Westliche Kirchen |
| 14. November | Beginn des Kirchenjahres | Syrisch-orthodox |
| Ende November | Letzter Sonntag im Kirchenjahr | |
| | Totensonntag bzw. Ewigkeitssonntag | Westliche Kirchen |
| 30. November | Todestag des Jüngers Andreas | Anglikanisch/ |
| | | schottisch-reformiert |

Die *Äthiopische Kirche* feiert jeden Monat Trinitatis, Maria, den Bundesschluß, den Tag des Weltheilandes und Christi Geburt sowie den Heiligen Takla Haymanot (ein äthiopischer Reformator des 5. Jahrhunderts). Sie hat darüber hinaus eine eigene Kirchenjahrs- und entsprechende Monatszählung.

Die *Armenische Kirche* hat eine Reihe weiterer Heiligentage (= Märtyrertage) sowie Gedenktage an Konzilien und Holocausttage, die sich auf die Armeniermassaker durch die Türken in den Jahren 1895-1899 und 1914-1918 beziehen. Die übrigen Feste sind – entsprechend zeitlich verschoben – mit den anderen christlichen Festen der Ostkirchen identisch.

## 2.3 Die Feste und ihre Bedeutung
Die Datumsangaben folgen der Chronologie des westlichen Kirchenkalenders.

Das Christentum ist geprägt durch die Hauptfeste: Ostern, Pfingsten, Weihnachten. *Ostern*, das Fest der Auferstehung Jesu, ist das höchste und älteste Fest der Christenheit und weist auf den Sieg des Lebens über den Tod. *Weihnachten* (erst im 4. Jh. entstanden) ist das emotional intensivste Fest und symbolisiert die Menschwerdung Gottes. *Pfingsten*, Feier der Aussendung des Heiligen Geistes und der »Geburt der Kirche«, hat einen hohen dogmatischen Stellenwert, spielt in vielen Teilen der stärker säkularisierten Christenheit jedoch eine untergeordnete Rolle.

# Der Weihnachtsfestkreis

Zum Weihnachtsfestkreis gehört die Entwicklung einer eigenständigen Adventsliturgie, die mit dem 5. Jahrhundert einsetzt. Gleichzeitig entwickeln sich Fastenrituale. Mit Franziskus von Assisi wird die Weihnachtskrippe populär. Im 19. Jahrhundert entwickelt sich Weihnachten zum Familienfest. Inzwischen verliert es langsam seinen Charakter als häusliches Fest der Familie. Die Fastenbräuche haben sich durch die Kommerzialisierung des Weihnachtsfestes heutzutage teilweise in ihr Gegenteil verkehrt.

Durch die Verbindung des Weihnachtsfestes mit germanischen und keltischen Riten hat sich ein umfangreiches Brauchtum erhalten bzw. weiter- und neu entwickelt, das an einzelnen Tagen im Rahmen des Heiligenkalenders regional unterschiedlich praktiziert wird und auch heutzutage unterschiedliche Wiederbelebung erfährt.

*Bräuche:* Adventskranz, Adventskalender, Adventsspiele, Adventsstern, Kerzenlicht, Transparente, Weihnachtsgebäck, Krippe, Weihnachtsbaum, Christbaumschmuck, Äpfel, Nüsse, Mandeln.

## *Martinstag (11. November)*

Der 11. November, der Tag des Heiligen Martin von Tours (4. Jh.), eines römischen Reitersoldaten, der nach der Legende seinen Mantel mit einem Bettler teilte. Er wurde später Bischof von Tours.

Der Martinstag (obwohl vor dem 1. Advent liegend) ist der letzte Tag vor der sechswöchigen weihnachtlichen Fastenzeit. Ausnahmen sind Sonntage, die immer vom Fasten ausgespart bleiben und an denen beispielsweise auch Fleisch erlaubt war und ist. Am Ende dieser Wochen konnte man am 25. Dezember wieder mit dem großen Festessen beginnen. Die Bräuche des Martinstages sind heute teilweise schwer verständlich, weil sie mit dem Wirtschaftsleben früherer Tage zu tun haben. Am 11.11. endete das Pachtjahr für die Bauern und die Verträge mit den Hausangestellten, so daß an diesem Tage neue Vereinbarungen fällig wurden.

*Brauch:* Laternenumzüge mit Kindern, Essen einer Martinsgans.

## Elisabethtag (19. November)

Zu unterscheiden vom Tag der Hl. Elisabeth, Mutter Johannes des Täufers am 5. Nov. und der schwäbischen Heiligen Elisabeth Bona von Reute (1385-1420).

Geschichten und Legenden mit Rosen und Dornen umranken das Leben der Hl. Elisabeth von Thüringen. Sie beziehen sich auf die große Wohltätigkeit und Armenfürsorge der Landgräfin von Thüringen (1207-1231), einer ungarischen Königstochter, die als Witwe schließlich in dem von ihr gegründeten Hospiz in Marburg starb. Sie wurde bereits 1235 von Papst Gregor VII. heilig gesprochen.

## Advent (vier Adventssonntage)

Die vier Adventssonntage haben sich erst im 11. Jahrhundert als fester Bestandteil der Weihnachtszeit herausgebildet (zuvor zwischen zwei und sechs).

1. Advent:  Einzug in Jerusalem (das Evangelium dieses Sonntags Mt 21,1-9 wiederholt sich am Palmsonntag)
2. Advent:  Wiederkunft Jesu (Anknüpfung an Totensonntag)
3. Advent:  Jesus wird zu den Menschen gesandt (Taufe Jesu durch Johannes den Täufer)
4. Advent:  Ankündigung der Geburt Jesu an Maria

## Barbaratag (4. Dezember)

Der Barbaratag ist international weit verbreitet. Legendarischer Hintergrund ist das Leiden Barbaras in Nikomedien (Kleinasien), nach manchen Legenden auch in Catania auf Sizilien. Barbaras reicher Vater schloß sie in einem Turm ein, um sie vor allem Bösem und als Jungfrau zu bewahren. Ihre Schönheit und Intelligenz wurden jedoch schnell berühmt. Durch den Kirchenlehrer Origenes (185-254) schriftlich belehrt, wurde sie von einem als Arzt verkleideten Priester getauft. Die Konsequenz ihres Glaubens an den dreieinigen Gott führte dazu, daß ihr Vater sie zuletzt tötete. Er selbst kam ebenfalls um, als Feuer vom Himmel fiel.

Die heilige Barbara gehört mit Katharina von Alexandrien (25. November) und Margareta (20. Juli) zu der Trias von Schutzpatroninnen, die für Ernährung, Lehre, Bergbau und Kriegsdienst zuständig sind.

*Bräuche:* Zweige von Forsythien, Kirschen, Schlehen oder Pflaumen werden geschnitten und ins Wasser gestellt, damit sie Weihnachten blühen.

## Nikolaustag (6. Dezember)

Der Tag geht auf den Bischof Nikolaus von Myra zurück, der im 4. Jahrhundert an der Südküste der heutigen Türkei lebte und von dem eine Fülle von Legenden überliefert ist, in denen er sich besonders um die Armen und Kinder kümmert. Die Legenden identifizieren ihn z.T. mit dem Abt Nikolaus von Zion (gest. 564), der für seine Mildtätigkeit berühmt war. Der Bischof Nikolaus wird noch heute in der Unterkirche von Demre (= Myra) verehrt. Dort steht auch sein Sarkophag. Piraten raubten die Gebeine 1187 und brachten sie nach Bari, wo man eine Grabkirche errichtete. In dieser Zeit wanderte der Kult des Heiligen über die Alpen nach Europa. Es entstanden viele Nikolauskirchen (auch: Nikolai-Kirchen). In Konstantinopel genoß Nikolaus schon früher kultische Verehrung, von dort kam er nach Rußland.

*Bräuche:* Süßigkeiten in vor die Tür gestellten Schuhen, Auftreten des Bischofs Nikolaus, Stutenkerle. Spekulatius ist das lateinische Wort für Bischof (griech. episcopos); daraus entwickelt sich der Spekulatius mit Symbolen aus den Legenden (= Bischofsgebäck mit besonderen Backmodeln).
Als Variante des *Christkindes* und kaum noch als Gestalt des hl. Nikolaus ist der *Weihnachtsmann* zu sehen. Der rote Mantel ist ursprünglich der Bischofsmantel, aus dem Zepter wurde die Rute, die zum germanischen Erdkobold »Knecht Ruprecht« gehört, der in diesen dunklen Nächten sein Unwesen treibt. Er wurde christianisiert und dem Erlösungsgeschehen dienstbar gemacht.

*Hochfest der ohne Erbsünde empfangenen*
*Jungfrau und Gottesmutter Maria*
*(8. Dezember)*

Feier gemäß der katholischen Lehre, daß Maria frei von der Erbsünde empfangen und geboren wurde, um das Jesuskind sündenfrei auszutragen.

*Weihnachtsfesttage*
*Biblischer Bezug: Mt 1-2; Lk 1-2*

*Heiligabend /Heilige Nacht*
*(24./25. Dezember)*

Mit Christmetten und Mitternachtsmessen wird der Beginn des Christfestes begangen. Trotz der starken Säkularisierung sind die Gottesdienste und Messen in der Heiligen Nacht die bestbesuchten des ganzen Jahres.

*1. Weihnachtstag/Christtag (25. Dezember)*

Feier der Geburt Jesu, mit vielerlei geistlichen und volkstümlichen Liedern, Spielen und Bräuchen um Krippe und Hirten, begangen in Kirchen und Familien. In verschiedenen Ländern wird ein zweiter Festtag gefeiert. Nach einer alten Überlieferung wird die Dauer des Christfestes über zwölf Nächte angesetzt. Das geht auf vorchristliche Bräuche zurück. Obwohl die Geburt Christi natürlich unbestritten war, entwickelte sich ein eigenständiges Geburtsfest erst im 4. Jahrhundert.

*Bräuche*: Geschenke zur Erinnerung an das Geschenk des Gottessohnes (»Christkind«), das Gott den Menschen gemacht hat, Grußkarten, Schmücken der Straßen und Räume, Weihnachtsbaum, Aufbau von Krippen, Krippenspiele, Weihnachtsmann. Auch in nichtchristlichen Ländern wird teilweise Weihnachten gefeiert.

## Stephanustag (26. Dezember)
*Biblischer Bezug: Apg 6,8-8,2*

Es handelt sich um den ersten christlichen Märtyrer aus dem Kreis der Apostel, weil er durch seine Predigten offensichtlich große Wirkungen erzielte und darum verleumdet wurde. Er wurde gesteinigt, und die Apostelgeschichte erzählt, daß die Steiniger ihre Obergewänder bei einem jungen Mann mit Namen Saulus (= Paulus) ablegten.

*Brauch u.a.:* Essen von Dominosteinen, die an diese Steinigung erinnern.

## Neujahr (1. Januar)

Der Neujahrstag gilt auch als Tag der Beschneidung Jesu bzw. seiner Namensgebung. Er erinnert Christen an die jüdische Herkunft Jesu: Die christliche Religion ist aus der jüdischen Tradition erwachsen.

## Heilige Drei Könige/Epiphanias (6. Januar)
*Biblischer Bezug: Mt 2,1-12, auch Joh 2,1-12 (Hochzeit zu Kana)*

Es handelt sich um den Weihnachtstag vieler östlicher Kirchen (regionale Abweichungen, s.o.). Orthodoxe Kirchen, die den früheren Kalender beibehielten (z.B. Russisch-Orthodoxe) feiern alle feststehenden Feste abweichend von den Kirchen des Westens. Das protestantische Epiphaniasfest wird beispielsweise in einem Teil der Ostkirchen erst am 19. Januar begangen.

*Epiphanias* – Fest der ersten »Erscheinung« Christi, zuweilen begangen als Anbetung der Weisen, Dreikönigstag, Taufe Christi oder Tag des Wunders zu Kana; schließt die »zwölf heiligen Nächte« ab, die ursprünglich als »Nächte der Nachtgeister« die germanische Mythologie beherrschten und durch Todesbedrohung, Schrecken und Gefahr gekennzeichnet waren. Sozusagen als christlicher Schutzmechanismus wird während des Dreikönigssingens von den Magiern, den »heiligen drei Königen«, Caspar, Melchior, Balthasar eine Schutzformel an das Haus geschrieben: 19+C+M+B 19... *Christus mansionem benedicat = Christus segne dieses Haus* (gemeint ist im folgenden Jahr).

*Weitere Bräuche:* Dreikönigssingen/Sternsinger als katholischer Brauch, besonders stark in den Alpenländern und im Rheinland verbreitet.

### Mariä Lichtmeß (2. Februar)
*Biblischer Bezug: Lk 2,22-40*

Dieses letzte Fest im Weihnachtskreis bezieht sich auf den jüdischen Reinigungsritus, den eine Frau sechs Wochen nach der Geburt vollziehen muß. Aus ihm entwickelte sich im Christentum des 5. und 6. Jahrhunderts eine Lichterprozession (»candle mess«), die schließlich eine Weihe der Altarkerzen wurde: »Jesus ist das Licht für die Völker«. In dieser Kerzenmesse strahlt bereits das Osterlicht auf. Man bezeichnet es auch als Feier der Darstellung Jesu im Tempel.

*Griechische/lateinische Namen der Sonntage in der Vorfasten- und Fastenzeit:* Septuagesimä (= 70 Tage vor Ostern), Sexagesimä (= 60 Tage vor Ostern), Estomihi (= »Sei mir …«), Invokavit (= »Er hat angerufen …«), Reminiscere (= »Gedenke«), Okuli (= »Die Augen …«), Lätare (= »Freue dich …«), Judika (= »Richte …«), Palmarum (Palmsonntag)

## Passionszeit und Osterfestkreis
*Biblische Bezüge: Passionsgeschichten und Auferstehungserzählungen der vier Evangelisten*

### Aschermittwoch und Beginn der Fastenzeit
*Biblische Bezüge und theologiegeschichtliche Tradition: Die Passionsgeschichten Jesu in den vier Evangelien und der dogmatische Gedanke von der Erlösungstat Christi*

Kirchengeschichtliche Tradition: Die zweite große Fastenzeit nach dem inzwischen völlig verschwundenen Weihnachtsfasten beginnt mit dem Aschermittwoch und endet mit der Ostersamstagnacht (ca. 40 Tage). Mit öffentlichem Fasten der Christen gab es immer Schwierigkeiten (es war eben unbequem, in »Sack und Asche« zu gehen). Im Mittelalter versuchte die Kirche, klare

Regelungen vorzugeben. Gehalten hat sich im katholischen Bereich die Bezeichnung mit dem Aschenkreuz (ein Kreuz aus Holzkohlenasche wird während der Messe am Aschermittwoch auf die Stirn gezeichnet). Der biblische Gedanke bezieht sich auf Prediger 3,20; Ps 104,29; 103,14: »Der Mensch ist Staub und kehrt zum Staube zurück«. Damit soll die Vergänglichkeit des irdischen Lebens und die Erinnerung an den Tod ins Gedächtnis gerufen werden (vgl. den Ritus am Grab, wo 1. Kor 15,42b-44a+53-57 gesprochen wird).

Die *Fastenzeit* beträgt 40 Tage, von Aschermittwoch bis Karsamstag; sie erinnert an: die 40 Tage, die die Sintflut dauerte, die 40 Jahre, die die Israeliten durch die Wüste wanderten, den 40tägigen Weg des Elia zum Berg Horeb und die 40 Fastentage, die Jesus vor seinem öffentlichen Auftreten in der Wüste verbrachte; begangen als eine Zeit der Selbstverleugnung. Viele Christen verzichten dann auf bestimmte Nahrungs- und Genußmittel oder Luxus zur Vorbereitung auf Ostern. Aus diesem Grunde war es im Mittelalter üblich (und bürgert sich heute teilweise wieder ein), daß der gesamte Chorraum mit einem Tuch verhängt wurde, das wegen der Fastenzeit auch »Hungertuch« genannt wird. Die Darstellungen auf diesen Bildern sollen zur Besinnung und Meditation verhelfen.

### Erster Tag der Fastenzeit
### (orthodox und katholisch)

Anders als in den westlichen Kirchen, in denen die Fastenzeit mit dem Mittwoch vor dem ersten Fastensonntag anfängt, beginnen die östlichen Kirchen einen Sonntag früher.
In katholischen Gegenden bildet der *Aschermittwoch* den Abschluß der Karnevals- bzw. Fastnachtszeit, die am 11.11. um 11.11 Uhr des Vorjahres begann (»die fünfte Jahreszeit«).

### Patrickstag (17. März)

Patricius (englisch Patrick), der Ende des 4.Jh. in Boulogne an der Kanalküste bzw. nach anderen Legenden in Schottland geboren wurde, kam (ähnlich wie in der Josefsgeschichte) durch

Verkauf als Sklave nach Irland. Dort hütete er Schafe. Das ist der Grund, warum er als Schützer der Hirten und des Viehs gilt. Patrick gelang es, nach Gallien zu fliehen, wo er schließlich zum Bischof geweiht wurde. Nach einer Romfahrt berief ihn Papst Coelestin zum Missionar Irlands. Sehr erfolgreich setzte er die Christianisierung der Insel durch. Darum ist Patrick nicht nur der Apostel, sondern auch der Nationalheilige der Iren. Mit einem Kleeblatt habe er die Geheimnisse der Dreifaltigkeit den Heiden erklärt.

### Josephstag (19. März)
*Biblischer Bezug: Kindheitsgeschichten Jesu in Mt 1-2, Lk 1-2*

Fest zu Ehren des Mannes, von dem die Kindheitsgeschichten Jesu berichten, des Verlobten der Maria, der zusammen mit ihr für die Erziehung Jesu verantwortlich war.

### Mariä Verkündigung (25. März)
*Biblischer Bezug: Mt 1,18-25*

Fest zur Erinnerung an die Ankündigung des Engels Gabriel an Maria, sie würde ein Kind bekommen, obwohl sie »nicht von einem Manne weiß«. Es handelt sich um den Versuch, mithilfe eines Festes über die Inkarnationslehre nachzudenken.
Mariä Verkündung war ursprünglich die christliche Variante des Frühlingsanfangs am 25. März. Frühlingsanfang liegt inzwischen auf dem 20. bzw. 21. März. Mit Maria wird in der Volksfrömmigkeit Fruchtbarkeit und Wachstum verbunden. Darum ist der Mai der »Marienmonat«, der Monat des stärksten Wachstums in der Natur.

### Georgstag (23. April )

Beim Heiligen Georg kommen mehrere Legendentraditionen zusammen, besonders die Legende vom Drachenkampf (die bekannteste, aber späteste aus dem 11. Jahrhundert.). Georg gehört zu den frühchristlichen Märtyrern, und zwar handelt es sich entweder um den von der Rechtgläubigkeit abgewichenen Bischof der Arianer, Georg von Alexandrien, der nach zahllosen Tod bringenden Martyrien mehrfach durch den Erzengel Michael zum

Leben erweckt wird. Oder es handelt sich um einen Perserkönig mit Namen Dadian bzw. einen römischen Richter, der für die Folterurteile gegen den Christenmissionar Georg bekannt wird. Georg wird manchmal auch als Jürgen bezeichnet. Georg ist der Patron der georgischen Kirche und der Sinti und Roma (»Zigeuner«wallfahrt am 6. Mai).

## «Heilige Woche» – Karwoche

Hierbei handelt sich um die spirituelle Verdichtung der gesamten Passionszeit in der Woche vor dem Osterfest (»semana santa«). Das Wort »kar« kommt aus dem Althochdeutschen und bedeutet: Sorge, Kummer, Verzweiflung, Schreien.

*Bräuche:* Als Intensivierung der Leidensmeditationen werden in den Kirchen u.U. erst jetzt die Flügelaltäre geschlossen. Das Altarkreuz wird am Palmsonntag mit einem violetten Tuch verhüllt. Besonders in den romanischen und lateinamerikanischen Ländern gibt es viele Prozessionen.

### Palmsonntag
*Biblische Bezüge: Feier der Pessachwoche im Judentum, vgl. Ex 14; Einzug Jesu in Jerusalem, Mt 21,1-9. Einzige Doppellesung des Evangeliums, das auch am 1. Adventssonntag gelesen wird.*

Der erste Tag der Heiligen Woche oder Karwoche erinnert an den triumphalen Einzug Jesu in Jerusalem. Palmwedel (welche die Menschen damals zur Begrüßung schwangen) werden nach der Weihe in den Kirchen verteilt und Kreuze aus Palmstroh schmücken viele Häuser, Garten- und Feldbegrenzungen. Statt Palmen nimmt man in den nördlicheren Breitengraden auch andere grüne Zweige: Weidenkätzchen, Buchsbaum, Immergrün, Stechpalme, Tannen- oder Haselnußzweige.

## Gründonnerstag

*Biblischer Bezug: Das letzte Abendmahl bzw. das Passahmahl Jesu mit seinen Jüngern und Fußwaschung. Das Johannesevangelium berichtet nichts vom Abendmahl Jesu und hat an dieser Stelle die Fußwaschung (Joh 13)*

Die Eucharistie oder Dankfeier (orthodox und katholisch), das Abendmahl oder Herrenmahl (evangelisch), hat seinen biblischen Ursprung im Pessachmahl Jesu mit seinen Jüngern am Donnerstag vor seinem Tode (Gründonnerstag).

Man erinnert an die Einsetzung des Heiligen Mahles/der Eucharistie/ des Abendmahles und an Jesu Gebot bei der Fußwaschung. Die Handlung der Fußwaschung wird in vielen Kirchen symbolisch, z.B. an Benachteiligten der Gesellschaft, durchgeführt.

Die Herkunft des Wortes »grün« in Gründonnerstag liegt im Dunkeln. Die Herleitung von greinen (= wehklagen, weinen) ist umstritten.

## Karfreitag

*Biblischer Bezug: Geschichten der Kreuzigung Jesu, besonders seiner Todesstunde*

Good Friday« (= guter Freitag) ist der Name im angelsächsischen Raum: Dieser Freitag kam den Menschen zugute, erinnert er doch an die Kreuzigung Jesu, das Beispiel höchster Selbstopferung, und trägt bereits die Saat der kommenden Osterfreude in sich. In römisch-katholischen Kirchen werden die Sakramentshäuschen geöffnet und geleert und in einigen lutherischen Kirchen die Kruzifixe verhüllt.

## Karsamstag oder Stiller Samstag

*Biblischer Bezug: Jesus im Grabe und in der Hölle*

Diese Zwischenzeit wird mit Zeiten der Stille und mit besonderen Gottesdiensten ohne Glocken und Orgel begangen. Der Tag gilt zuweilen der Besinnung im Gedenken an die Taufe, das Ende der Fastenzeit oder Passionszeit.

## Ostern
*Biblischer Bezug: Auferstehungsgeschichten der Evangelien, 1. Kor. 15 u.v.a.m.*

Im *gesamten Christentum* ist Ostern das höchste und älteste Fest: Feier der Auferstehung Jesu und des Sieges des Lebens über den Tod, Begründung des christlichen Glaubens. Zeitlich ist es aus dem jüdischen Pessachfest hervorgegangen. Der Ostertermin wird auf den ersten Sonntag nach dem Frühlingsvollmond angesetzt (zwischen 21. März und 25. April). Dabei gibt es Abweichungen der westlichen von den östlichen Kirchen, was auch damit zusammenhängt, daß zwischen Ost- und Westkirchen keine Übereinstimmung hinsichtlich der Schaltjahre besteht. Der Streit um den Ostertermin spaltete schon in der Antike die westlichen und östlichen Kirchen.

*Bräuche:* Osternachtsgottesdienste, Weihe des Osterfeuers, Feuerbräuche, Weihe und Entzünden der Osterkerze, Weihe des Taufwassers, Segnung des Weihwassers, Ostereier, Osterhase, Osterbaum, Osterlabyrinth.

*Lateinische Namen der Sonntage in der Osterzeit:* Quasimodogeniti (= gewissermaßen Neugeborene = Weißer Sonntag, üblicher Tag der Erstkommunion, Tauferinnerung), Misericordias Domini (= Barmherzigkeit des Herrn), Jubilate (= Jubelt), Rogate (= Betet), Kantate (= Singt), Exaudi (= Höre).

## Himmelfahrt Christi (40 Tage nach Ostern)
*Biblischer Bezug: Himmelfahrt des Elia, 2. Kön 2,11; Mk 16,19; Lk 24,50-53; Apg 1,6-11*

Himmelfahrt ist im Grunde eine Variante des Osterfestes mit einer Verschiebung vom »eigentlichen« Osterfest um 40 Tage. Allerdings »brauchte« Jesus diese vierzig Tage, um seine Jünger mit dem Geheimnis seiner Auferstehung und mit der Sendung in die ganze Welt vertraut zu machen (Mission).

Ähnlich wie Weihnachten entwickelte sich Himmelfahrt als eigenständiges Fest erst im 4. Jahrhundert.

Dieses Fest hat in Deutschland seinen christlichen Charakter fast vollständig verloren.

Die *Bräuche* sind regional sehr verschieden, allerdings finden an diesem Tage sehr gern Wallfahrten statt, die offensichtlich an die »Auffahrt« Christi zum Himmel erinnern.

# Pfingsten und Pfingstkreis (kath.)/ Trinitatiskreis (ev.)

## Pfingstfest (Mai/Juni, 50 Tage nach Ostern)
*Biblischer Bezug:* Apg 2,1-47

Benannt nach dem jüdischen Fest, 50 Tage nach dem Pessachfest, zugleich das Fest der ersten Ernte, an welchem die Nachfolger Jesu zuerst den Heiligen Geist empfingen und das Evangelium verkündeten. Deshalb wird es oft als »Geburtstag der Kirche« bezeichnet. Der im Englischen zuweilen gebrauchte Name *Whitsuntide* erinnert daran, daß sich an diesem Tag früher Konvertiten in weißen Taufkleidern zeigten. Die Herabkunft des Geistes symbolisiert zugleich den Gottesfrieden, aufgrund dessen sich Menschen aller Kulturen und Rassen verstehen, obwohl sie unterschiedliche Sprachen sprechen.

Originales *Brauchtum* zum Pfingstfest ist recht selten. Vereinzelt findet man in Kirchen Vorrichtungen, bei denen man den Heiligen Geist, dargestellt als Taube, von der Decke schweben oder über den Köpfen der Besucher kreisen lassen kann.

## Trinitatis – Dreifaltigkeitssonntag (Juni)
*Dogmengeschichtlicher Bezug:* Die Trinitätslehre gehört zu den schwierigen Komplexen der christlichen Dogmatik. Ihre Ausformulierung brauchte mehrere hundert Jahre, auch wenn die wesentlich und kirchlich akzeptierten Entwicklungslinien seit dem 4. Jahrhundert (also nach dem Konzil von Nicäa 325) klar waren. Die neutestamentlichen Schriften kennen keine Trinitätslehre; ihre Autoren versuchen nur, bestimmte Zusammenhänge von Mensch und Gott am Beispiel der Person Jesu, seines Wirkens, seines Todes und seiner Auferstehung zu verdeutlichen.

## Fronleichnam (10 Tage nach Pfingsten)
*Dogmengeschichtlicher Bezug:* Die Streitereien um das Verständnis des Abendmahls im frühen Mittelalter führten mehr und mehr zu einer demonstrativen Zurschaustellung der Ele-

mente der Eucharistie (Brot und Wein als Leib und Blut Christi). Die Vision der Juliane von Lüttich im Jahre 1209 zeigte ihr bei Vollmond eine dunkle Stelle. Sie verstand den Mond als die Kirche und die dunkle Stelle als fehlendes Fest, das im Jahre 1246 zuerst in der Diözese Lüttich eingeführt wurde.

In Deutschland setzte sich sehr bald der Name »Fronleichnam« durch. »*Fron*« bedeutet *Herr* und »*lichnam*« lebendiger Leib. Im Abendmahl nehmen die Gläubigen gewissermaßen den lebenden Herrn Christus zu sich. Im Zentrum der damit zusammenhängenden Prozession steht die Zurschaustellung des Altarsakraments in der »Monstranz« (von lat. monstrare = zeigen).

### Johannistag (24. Juni)
*Biblischer Bezug: Lk 1,36*
*Jahresbezug: Sommersonnenwende der Germanen,*
*Kelten und Slawen*

Im Gegensatz zu den Heiligen (Ausnahme: Maria, die Mutter Jesu) wird bei Johannes dem Täufer neben dem Sterbetag (29. August) auch der Geburtstag gefeiert. Er wurde wahrscheinlich aufgrund der biblischen Angaben um 6 Monate abweichend von der Geburt Jesu auf den 24. Juni verlegt.

Faktisch handelt es sich um die Christianisierung der Sonnenwendfeier, die nach unserem heutigen Kalender allerdings bereits auf dem 21. Juni liegt.

In diesen Tag sind viele *vorchristliche Bräuche* eingeflossen: Johannisfeuer als Feuerzauber, der vor Unglück und Krankheit bewahren bzw. sie besiegen soll; Sonnenwendfeiern u.ä. An diesem Tage kann man die Sprache der Tiere verstehen, und verborgene Schätze der Natur tauchen aus dem Untergrund auf.

### Jakobus der Ältere (25. Juli)

Jakobus gehörte zum Jüngerkreise Jesu (einer der Zebedäussöhne). Apg. 12,2 erzählt von seiner Enthauptung nach Missionstätigkeit in Samaria und Jerusalem. Die Legende weiß auch von einem Spanienaufenthalt. 820 fand man angeblich die Gebeine des Jakobus. Sehr schnell entwickelte sich ein Kult um sein Grab, so daß seit dem 11. Jahrhundert Santiago de Compostela zu den berühmtesten Wallfahrtsorten des Christentums gehört. »Santiago« wird auch zum Patron des Kampfes gegen den Islam in Spanien. Sein Symbol ist die Muschel (»Jakobsmuschel«).

## Die Verklärung (6. August )
### Biblischer Bezug: Mk 9,2-13 und Parallelen

Die zugrunde liegende Geschichte auf dem Berg der »Verklärung« zeigt Jesus als den neuen Mose (vgl. Ex 34,29-35). Die ihren Herrn begleitenden Jünger erleben in einer Vision antizipatorisch das kommende Gottesreich.

## Mariä Himmelfahrt (15. August)

Schon im 2. Jahrhundert gibt es Glaubenstendenzen, die erklären, daß neben Jesus auch Maria »am Ende ihres irdischen Lebenslaufs« leibhaftig zu Gott aufgefahren ist. Dieser Glaube betont die starke Stellung der Mutter des Gottessohnes in der frühen Kirche. Sie hat damit Anteil an der Erlösungstat Jesu, ja sie scheint sogar zur Miterlöserin »aufzusteigen«. Dieses Fest muß sehr eng mit dem Tag der Geburt Mariens zusammengesehen werden (8. September).

*Bräuche:* In vielen katholischen Gemeinden werden Prozessionen und Feiern veranstaltet.

## St. Michaelsfest und alle Engel (29. September)
### Biblischer Bezug: Bezeugung der Engel an vielen Stellen, vgl. z.B. Dan 10,13-21; 1; Mt 4,11; Jud 9; Offb 12,7

Um 500 n.Chr. stellte ein anonymer Verfasser eine Engellehre auf, die die verschiedenen Stufen und Klassen der himmlischen Dienerschaft beschrieb. Diese »himmlischen Hierarchien« wurden dem in Apg 17,34 erwähnten Richter aus Athen zugeschrieben (Dionysius vom Aeropag = Dionysius Aeropagita). Die Schriften dieses Theologen hatten ungeheure Wirkung.
Im Blick auf die Hierarchie der Engellehre wurde Michael die ent-

scheidende Priorität eingeräumt, so daß der Tag nach ihm *und* allen anderen Engeln benannt ist. In die Feier dieses Tages fließen teilweise regionale Bräuche ein, die alle auf die Energien Bezug nehmen, die zwischen Himmel und Erde ihr Wesen und als dämonische Kräfte ihr Unwesen treiben.

## Birgitta von Schweden (8. Oktober)

Birgitta (1303-1373) stammte aus der Nähe von Uppsala. Sie unternahm 1349 eine Wallfahrt nach Santiago de Compostela und trat 1344 nach dem Tode ihres Mannes in das Kloster Alvastra ein. 1370 gründete sie den Birgittenorden (am Vättersee).

## Erntedankfest/ Thanksgiving
### (Oktober/ November)
*Bezug zum Jahreslauf: Herbst – Erntezeit*

Nach regionaler Überlieferung wird das Erntedankfest mit Gottesdiensten gefeiert (die Daten variieren), für die Altar und Kirche mit Früchten aus Feld und Garten geschmückt sind, die später an Alte und Bedürftige verteilt werden.

## Gebetswoche für den Weltfrieden (Herbst)

Jährlich werden Sammlungen von Gebeten aus verschiedenen christlichen Konfessionen und Weltreligionen für Veranstaltungen in dieser Woche veröffentlicht. Die Gebetswoche wird von Mitgliedern vieler religiöser Gemeinschaften unterstützt.

## Reformationsfest (31. Oktober)
*Kirchengeschichtlicher Bezug: Luthers Thesenanschlag 1517*

Es handelt sich hier um das einzige originäre »evangelische« Fest, das an den sogenannten Thesenanschlag Luthers an die Schloßkirche zu Wittenberg am 31.10.1517 erinnert, durch den er zu einer Disputation über die Erneuerung der Kirche aufrief. Diese Thesen leiteten die Abspaltung von der katholischen Kirche ein.

## Halloween (31. Oktober)

Am Vorabend von Allerheiligen (All Hallows Eve) wird das Fest vor allem von Iren und Schotten und ihren Nachfahren in den USA gefeiert. Ursprünglich handelte es sich um ein vorchristliches Neujahrsfest. Durch die Festriten sollten die nach dem Tode unruhig wandelnden Seelen der Verstorbenen ihren Frieden finden.

## Allerheiligen – Allerseelen (1./2. November)
### Biblischer Bezug: Offb 7,9

Allerheiligen ist durch die Umwandlung des römischen Pantheons in ein christliches Heiligtum und durch Veränderung eines einzelnen Heiligentages zur Verehrung aller Heiligen entstanden.

Das Fest Allerseelen am 2. November ist eng mit dem Fest Allerheiligen am 1. November verknüpft. Nach der »triumphierenden Kirche« (der Heiligen) gedachte die »streitende Kirche« auf Erden der »leidenden Kirche«, also der »armen Seelen« im Fegefeuer, d.h. in ihrer Reinigungs- und Läuterungszeit, ehe sie in das himmlische Paradies aufgenommen werden. Für das Allerheiligenfest gibt es kaum spezielle Bräuche, ganz anders »Allerseelen« wo der Zusammenhang mit vorchristlichen Totenriten auffällig ist (z.B. Fürbitte für die »armen Seelen« und Entzünden von Lichtern an den Gräbern, die ursprünglich die umgehenden Totengeister abhalten sollten).

## Buß- und Bettag (November)

Schon im 16. Jahrhundert führten einige protestantische Kirchen Bußtage ein. Die evangelischen Kirchen legten ihn gemeinsam 1950 auf den Mittwoch vor dem letzten Kirchenjahrssonntag. Seit 1995 als gesetzlicher Feiertag in Deutschland abgeschafft.

*Totensonntag/Ewigkeitssonntag (November)*
*Biblischer Bezug: eschatologische Texte, z.B. Mt*
*25, 31-46 u.a.; Joh 14-16*

Der Totensonntag ist im Grunde die evangelische Variante zu »Allerheiligen« und »Allerseelen«, ein Gedenktag, an dem die Gläubigen Friedhöfe besuchen und die Gräber ihrer Toten schmücken.

*Andreastag (30. November)*
*Biblischer Bezug: Joh 1,35-42; Mt 4,19; Mk 1,17;*
*3,14*

Andreas gehört als Bruder des Petrus zu den zwölf Jüngern und Aposteln Jesu. Nach der Legende gilt er als Missionar der Skythen (Nordgriechenland, Makedonien). Ihm werden zahlreiche Wunder nachgesagt. Als Märtyrer hing er zwei Tage an einem Gabelkreuz und predigte dennoch den Menschen. Als er starb, verhüllte ihn himmlisches Licht. Der Gouverneur von Patras, der seine Hinrichtung veranlaßt hatte, wurde in diesem Augenblick wahnsinnig und starb, ehe er nach Hause kam. Das »Andreaskreuz« findet sich auch in der schottischen und britischen Flagge sowie an Bahnübergängen.

## 2.4 Feste am Lebensweg

### Taufe und Namenstag

Die Taufe ist ein Initiationsritus: Es ist sozusagen die Geburt des neuen Menschen, der nicht mehr durch die Sterblichkeit bedroht ist, sondern mit diesem Ritus ewiges Leben trotz des leiblichen Todes zugesprochen bekommt. Neben der Begrenzung des irdischen Lebens tritt das entgrenzte ewige Leben bereits in dieses irdische Leben. Der Ritus des Taufens umfaßt das mit Wasser Besprengen oder das Untertauchen. Die Taufe war ursprünglich Erwachsenentaufe im Sinne der Abkehr von den alten Göttern. Später, als die Bevölkerung christlich geworden war, setzte sich die Kindertaufe durch. Heute wird in vielen Kirchen die Erwachsenen- und Kindertaufe gleichberechtigt nebeneinander praktiziert.

Da die Taufe an einem bestimmten Tag des Heiligenkalenders stattfand bzw. stattfindet, hat sich in katholischen Gebieten bis heute die Sitte erhalten, neben dem Geburtstag auch den Namenstag (= Tauftag) zu feiern. Martin Luther (geb. 10.11.1483) wurde übrigens nach dem Heiligen seines Tauftages (Martin von Tours) benannt.

## Erstkommunion

Die »Zulassung« zum Abendmahl (vgl. Gründonnerstag und »Weißer Sonntag«) ist in den östlichen Kirchen durch die Taufe, in der katholischen Kirche durch die »Erstkommunion« im Kindesalter und in den evangelischen Kirchen im Zusammenhang mit der Konfirmation gegeben; allerdings setzt sich in einigen evangelischen Bereichen das Abendmahl mit Kindern durch. Kommunion bzw. Abendmahl gehören in allen Kirchen zu den Sakramenten.
Die »Erste Heilige Kommunion« spielt im Leben eines katholisch sozialisierten Kindes eine bedeutende Rolle. Nach einer Kommunionvorbereitung (teilweise im Religionsunterricht) kommen die Kinder festlich gekleidet zur Erstkommunion in die Messe und bringen ihre Taufkerze mit. In der Messe haben die Kinder zum ersten Mal an der Eucharistie teil, die mit einem besonderen Segen für die Kinder mit ihren Familien endet. Der Tag der Erstkommunion ist sehr oft der Sonntag nach Ostern (»Weißer« Sonntag).

## Firmung/Konfirmation

Die Firmung gehört nur nach katholischem (nicht nach evangelischem) Verständnis ebenfalls zu den Sakramenten. Sie wird als Erneuerung des Taufbundes verstanden. Nach katholischem und evangelischem Verständnis gibt es viele inhaltliche Parallelen zwischen Firmung und Konfirmation. Inhaltlich ist die Konfirmation/Firmung die Bewußtwerdung des in der Taufe vorgelegten Angebotes Gottes, auf das sich Firmlinge bzw. KonfirmandInnen in begrenztem Engagement einlassen, bestätigt durch den Pfarrer bzw. Bischof.
Konfirmandenunterricht/Firmunterricht ist nur *ein* Abschnitt innerhalb eines religiösen (katechetischen) Lernprozesses, der eben nicht mit der Konfirmation/Firmung seinen Abschluß findet, sondern stän-

dig neu bewährt, was an Kenntnissen, Fähigkeiten, Haltungen und einem Bewußtsein von christlichen Normen und Werten erfahren und erworben ist.

## Trauung

E*vangelisch*: Segensgottesdienst aus Anlaß der (bürgerlichen) Heirat, allerdings mit sakramentalen (katholisieren-den) Resten, was die Trauordnungen der Landeskirchen, besonders die Gottesdienste anläßlich der Hochzeit mit einem nicht einer evangelischen Kirche angehörenden Partner zeigen (besonders: katholisch, nicht-kirchlich oder andere Religion).

*Katholisch* gilt die Ehe als Sakrament. Der Ehebund wird vor Gott geschlossen (in früheren Zeiten oft vor dem Kirchengebäude). Das Sakrament der Ehe spendet sich das Brautpaar selbst vor dem Priester und besiegelt damit seine Ehe, die ohne diese sakramentale Weihe ungültig ist.

Allen Kirchen ist gemeinsam, daß die (monogame) Ehe bis zum Tod als unauflöslich gilt, was mit dem gegenseitigen »Ja« vor dem Pfarrer/Pfarrerin bzw. dem Priester besiegelt wird. Die eheliche Liebe hat ihren Wert in sich, der Gedanke der Nachkommenschaft ist mit ihr jedoch untrennbar verbunden.

## Beerdigung/Trauerfeier

H*ier* handelt es sich um einen variierenden Ritus in allen Kirchen, mit dem die Begleitung des Gestorbenen und der Trauernden zum Ausdruck kommt: Die Verstorbenen werden der Gnade Gottes anempfohlen, und man gibt ihnen bestimmte Gaben für die Reise durch Tod, Hölle bis zur Auferweckung mit. Die Trauerfeier gliedert sich normalerweise in zwei Teile: die Feier in der Kapelle (mit der »Aussegnung«) und am Grab, wo die Angehörigen und Freunde von den Verstorbenen Abschied nehmen. Im katholischen Bereich wird am Begräbnistag eine Totenmesse gefeiert, die als Gedenkmesse auch später zum Jahrestag des Todes wiederholt wird (»Seelenmessen« am 7., 30. oder 40. Tage bzw. in jährlichem Rhythmus nach dem Tod).

Zu den *Bräuchen* gehört der »Leichenschmaus«, ein uralter Ritus, bei dem man sich das Gedenken an den Toten sozusagen einverleibt.

## 2.5 Weitere Feste

### Wallfahrten/Prozessionen

Wallfahrten drücken in allen Religionen die Erfahrung der Pilgerschaft des Lebens aus: Der Mensch ist auf dem Wege zu Gott. Heilige Plätze, die vor der Einführung des Christentums oft bestimmten Göttern geweiht waren, werden vom Christentum, weitgehend dann mit denselben Funktionen, umbenannt, sozusagen »getauft«. Sie sind der sinnliche Ort von Gotteserfahrung und oft seiner heilenden Nähe.

*Berühmte Wallfahrtsorte des Christentums:*

- Jerusalem (Todes- und Auferstehungsort Jesu)
- Palästina: Orte, an denen Jesus sich aufhielt
- Konstantinopel
- Kiew, Höhlenkloster
- Ephesus (Haus der Maria)
- Rom
- Lourdes, Fatima, Santiago de Compostela, Guadeloupe, Tschenstochau
- Orte mit berühmten Kathedralen, wie z.B. Chartres, Canterbury, Kiew, Köln
- Spirituelle Zentren, wie z.B. Iona, Taizé, Assisi, Sagorsk

## Ausgewählte Literatur

AGENDE für evangelisch-lutherische Kirchen und Gemeinden. Bd.1. Berlin: Luth. Verlagshaus 1964

BECK, Susanne u.a. (Hg.): Vorlesebuch Ökumene. Geschichten vom Glauben und Leben der Christen in aller Welt. Lahr: Kaufmann/ Kevelaer: Butzon & Berker 1991

BECKER, Antoinette/ NIGGEMEYER, Elisabeth: Meine Religion, deine Religion. Ein erzählendes Sachbuch. Ravensburg: O. Maier 1988[4]

BIERITZ , Karl-Heinrich: Das Kirchenjahr. Feste, Gedenk- und Feiertage in Geschichte und Gegenwart. BsR 447. München: Beck 1994

HÄMMERLE, Eugen/ OHME, Heinz/ SCHWARZ, Klaus: Zugänge zur Orthodoxie. Bensheimer Hefte Nr.68. Göttingen: Vandenhoeck & Ruprecht 1989

HALBFAS, Hubertus: Religionsunterricht in der Grundschule. Lehrerhandbuch 2. Düsseldorf: Patmos/Zürich: Benziger 1984

KELLER, Hiltgart L.: Reclams Lexikon der Heiligen und der biblischen Gestalten. Stuttgart: Reclam 1970²

LÄPPLE, Alfred: Das Hausbuch der Heiligen und Namenspatrone. Mit immerwährendem Namenskalender. München: Goldmann TB 12391, 1992

ROMMEL, Kurt: Anker, Bibel, Christuszeichen. Wegweiser durch die Kirche – Begriffe, Feste, Gegenstände und Symbole. Stuttgart: Quell 1982²

KIRCHHOFF, Hermann: Christliches Brauchtum im Jahreskreis. München: Kösel 1990

KALL, Alfred: Kirchenjahr und Brauchtum. Materialbuch für den Religionsunterricht. München: Kösel 1988

KLÖCKER, Michael: Katholisch – von der Wiege bis zur Bahre. Eine Lebensmacht im Zerfall? München: Kösel 1991

SCHLISSKE, Otto: Apfel, Nuß und Mandelkern. Was unsere Advents- und Weihnachtsbräuche eigentlich bedeuten. Stuttgart: Kreuz 1963¹¹

SCHLISSKE, Otto: Die Botschaft der Ostereier und des Osterhasen. Gladbeck: Schriftenmission 1973

SCHMIDT-LAUBER, Hans-Christoph/BIERITZ, Karl-Heinrich (Hg.): Handbuch der Liturgik. Liturgiewissenschaft in Theologie und Praxis der Kirche. Leipzig: EVA/Göttingen: Vandenhoeck & Ruprecht 1995

SCHOTT, Anselm OSB: Das Meßbuch der Heiligen Kirche mit liturgischen Einführungen. Neubearbeitet von den Benediktinern der Erzabtei Beuron. Freiburg: Herder 1962

STOCK, Alex: Heilige Stätten im Katholizismus. In: Udo Tworuschka (Hg.): Heilige Stätten. Darmstadt: Wissenschaftliche Buchgesellschaft 1994, S. 9-19

THIELE, Friedrich: Religiöse Feste der Juden, Christen und Moslems. Daten und Erläuterungen. Konstanz: Christliche Verlagsanstalt 1983

TWORUSCHKA, Monika/SCHUPP, Renate (Hgg.): Miteinander das Jahr erleben. Ein Familienbuch, Lahr: Kaufmann 1992

TWORUSCHKA, Monika und Udo: Weltreligionen – Kindern erklärt. Gütersloh: Gütersloher Verlagshaus 1996.

VORAGINE, Jacobus de: Legenda Aurea. Goldene Legende. Übertragung aus dem Lateinischen von Richard Benz. Heidelberg: Lambert Schneider 1963⁴

WAGEMANN, Gertrud: Interkultureller Kalender 1995. Frankfurt/M.: Verlag für Interkulturelle Kommunikation 1994

# 3. ISLAM

## 3.1 Hinführung

Der Islam, die freiwillige »Hingabe an Gott«, der als »barmherziger Erbarmer« verehrt wird, gliedert sich in zwei große Richtungen: Sunniten und Schiiten. Die Mehrzahl der Muslime (»die sich Gott Hingebenden«) sind Sunniten, gehören einer der vier im 8. und 9. Jahrhundert entstandenen sunnitischen Rechtsschulen (Malikiten, Hanafiten, Hanbaliten, Schafiiten) an. Schiiten halten Ali, den Vetter und Schwiegersohn Muhammads sowie späteren 4. Kalifen, für den rechtmäßigen Imam (»Nachfolger«) Muhammads. Sie leben im Iran und als Minderheiten im Irak, in Syrien, im Jemen, in Indien und Afrika. Die Ansichten der verschiedenen schiitischen Gruppen über den Imam gehen auseinander.

Die islamischen Hauptfeste werden von Sunniten und Schiiten gefeiert. Hinzukommen zahlreiche andere Fest- und Fastentage. Die Schiiten begehen darüber hinaus noch weitere Gedenkfeiern an den Todes- sowie Geburtstagen ihrer Imame und Märtyrer. Die Sufi-Orden gedenken insbesondere der Todes- bzw. Geburtstage ihrer Gründer.

## 3.2 Das religiöse Jahr im Islam

Die islamische Jahreszählung beginnt mit dem Jahr der Hidjra, der »Auswanderung« des Propheten Muhammad von Mekka nach Medina, im Jahre 622. Das muslimische Jahr ist ein reines Mondjahr und zählt 12 Monate zu jeweils 29 oder 30 Tagen. Weil das Mondjahr 11 Tage kürzer als unser Sonnenjahr ist, verschiebt sich der muslimische Kalender jedes Jahr gegenüber unserem um ca. 11 Tage. Wie im Judentum beginnt der neue Tag nicht am Morgen, sondern mit dem Sonnenuntergang. In manchen Ländern wird der Zeitpunkt des Monatsbeginns astronomisch festge-

stellt, andere schreiben die »Sichtung« der ersten Sichel des Neu-
mondes durch zuverlässige Zeugen vor. Bei bedecktem Himmel werden zu diesem Zweck Flugzeuge über die Wolken entsandt.

In gewisser Weise ist der Freitag das islamische Pendant zum jüdischen Sabbat bzw. christlichen Sonntag. Dann findet das gemeinschaftliche Gebet (anstelle des Mittagsgebets) in einer Moschee bzw.
einem geeigneten Betraum statt. Über die Mindestzahl der Betenden
gibt es unterschiedliche Ansichten. Einige sprechen von 40. Die Frei-
tagspredigt ist wichtiger Bestandteil dieses Gottesdienstes. Es gibt
im Islam keine Freitagsheiligung. Nur während der Zeit des Gottesdienstes ruht die Arbeit. In vielen islamischen Ländern wird jedoch
nicht gearbeitet, Schulen und Geschäfte bleiben geschlossen.

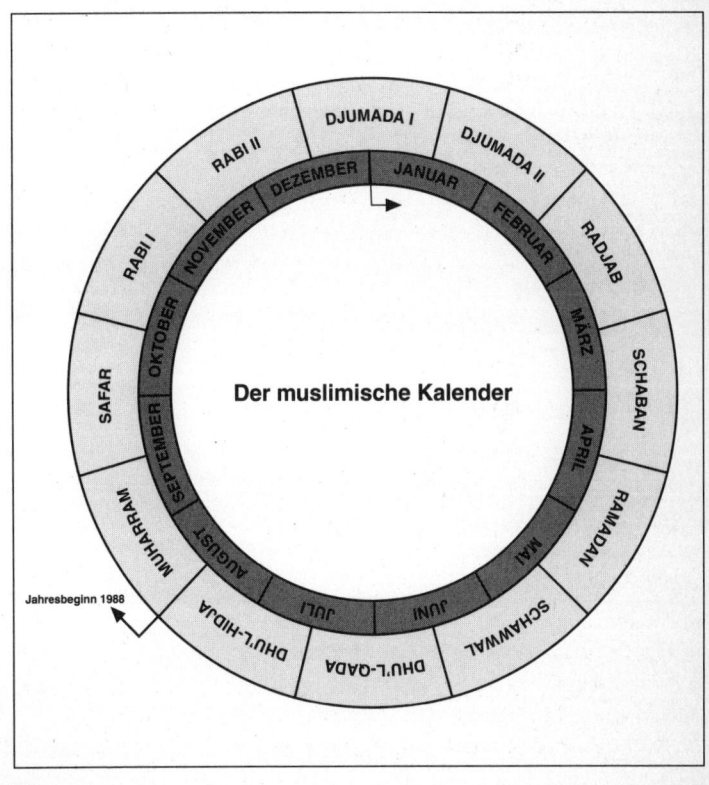

Der muslimische Kalender

## Die Abfolge der Feste (in Auswahl):

| | |
|---|---|
| Beginn des islamischen Jahres: | 1.Muharram |
| Aschura-Tag: | 10. Muharram |
| Hidjra des Propheten: | 1. Rabi I. |
| Maulid an-Nabi (Geburtstag des Propheten): | 12. Rabi I. (Sunniten), 17. Rabi (Schiiten): |
| Empfängnis des Propheten: | Anfang des Monats Radjab |
| Lailat al-Miradj (»Nacht der Himmelfahrt Muhammads«): | 27. Radjab |
| Alis Geburtstag: | 27. Radjab |
| Lailat al-Bara'a: | Nacht vom 14. auf den 15. Schaaban |
| Fastenmonat Ramadan .«Nacht der Sichtung«: | 1. Ramadan |
| Lailat al-Qadr (»Nacht der Macht«): | 19., 23., 25., 27. Ramadan |
| Id al-Fitr (»Fest des Fastenbrechens«): | 1. Schawwal |
| Id al-Adha (»Opferfest«): | 10. Dhu'l Hidjdja |
| Id al-Gadir Hum (»Fest des Teiches Hum«): | 18. Dhu'l Hidjdja |

## 3.3 Die Feste und ihre Bedeutung

### Muharram

In Erinnerung an die »Auswanderung« des Propheten Muhammad von Mekka nach Medina begehen die Muslime am 1. Muharram (»der Heilige«), dem ersten Monat ihres Kalenders, den Neujahrstag (»Nacht der Schuldlosigkeit«). Nach unserer Zeitrechnung fiel der historische Hidjra-Tag auf Freitag, den 16. Juni. Heutzutage schenken sich Muslime aus Anlaß dieses Tages Süßigkeiten, erzählen spannende und erbauliche Geschichten von Muhammad und seinen Prophetengefährten. Ein großer Feiertag, wie etwa das Opferfest, ist der 1. Muharram nicht, und keineswegs alle Muslime begehen ihn: In Saudi-Arabien und in den Golfstaaten wird er nicht gefeiert, weil Muhammad diesen Tag nicht besonders herausgestellt hatte. Die Libyer scheren völlig aus der Reihe, weil sie ihre Zeitrechnung nicht mit der Hidjra beginnen, sondern mit dem Tode Muhammads.

Die Schiiten feiern am 1. Muharram kein Neujahr, sondern den Beginn ihres Trauermonats. Auch im sunnitischen Islam wird von vielen der Muharram als Monat ernster Besinnung und religiöser Einkehr gehalten. Im Iran sowie von ihm abhängigen Kulturen wird das Neujahrsfest Nowruz am 21. März begangen.

## Aschura-Tag

Der Aschura-Tag am 10. Muharram ist der Höhepunkt des Monats für die Schiiten. An diesem höchsten schiitischen Feiertag gedenken die Gläubigen des Märtyrertodes von Husain. Einer der Söhne des Kalifen Ali, Husain, wurde im Jahre 680 unserer Zeit bei Kerbela von dem umaiyadischen Kalifen belagert und fand den Tod. In schiitischen Ländern finden die Festlichkeiten, die schon Tage früher beginnen, ihren Höhepunkt in Prozessionen und Passionsspielen. »Versammlungen«, für Männer und Frauen getrennt, werden abgehalten, bei denen die Leiden des Prophetenenkels vorgetragen werden. Die Frauen verzichten auf das Anlegen von Schmuck und sind in dunkle Gewänder gehüllt.

Der schiitische Islam hat ein besonderes Verhältnis zu Leiden und Märtyrertum, das durch die Umstände beim Tode Husains bedingt ist. Sein Tod wird als Opfertod gedeutet. Klagen und Weinen sind Bestandteile des Wallfahrt-Rituals zu den Schreinen der Imame. Seit der 2. Hälfte des 18. Jahrhunderts gibt es schiitische Passionsspiele, die zunächst an den ersten 10 Tagen des Monats Muharram, später im ganzen Jahr aufgeführt wurden. Höhepunkte dieser ta'ziya (»Trost/Beileid«)-Feiern sind das südlibanesische Nabatiya, Kerbela und Nadjaf im Irak sowie der Iran und der indische Subkontinent. Prozessionen und Gesänge sind Bestandteil der Passionsspiele, die zunächst auf Husain und die Familie Alis beschränkt waren, später aber beträchtlich erweitert wurden. Neben den Prozessionen, welche die historischen Ereignisse von Kerbela darstellen, werden Umzüge veranstaltet, bei denen sich geißelnde Männer im Mittelpunkt stehen. Diese bizarre Volksfrömmigkeit ist unter den schiitischen Geistlichen umstritten. Auch wenn sie im heutigen Iran toleriert wird, ist sie eigentlich verboten.

Die schiitischen Ismailiten beteiligen sich nicht an den Muharram-Feierlichkeiten, weil sie im Aga Khan einen lebenden Imam besitzen. Die schiitische Gruppe der Ithnaashariten dehnt die Trauerzeit bis in den darauf folgenden Monat aus und beendet sie am 40. Tag nach dem Tode Husains.

Die Türken feiern Aschure als Fest der Errettung der Arche Noahs. Als diese am Berge Ararat strandete, wurde ein Festessen aus allen Lebensmittelresten gekocht. Darum bereitet man am 10. Muharram eine Süßspeise aus 40 Zutaten, die man auch an Nachbarn, Freunde usw. verteilt.

## Hidjra des Propheten
## (Auswanderung des Propheten)

Dieses Fest, das am 1. Rabi I. begangen wird, erinnert an die »Auswanderung« des Propheten Muhammad von Mekka nach Medina im Jahre 622.

## Maulid an-Nabi (Geburtstag des Propheten)

Die Nacht war ganz in Licht getaucht – zur Nacht von Muhammads Geburt.« So verklärte der berühmte türkische Mystiker Yunus Emre im 14. Jahrhundert das bedeutsame Ereignis. Muhammad erblickte im Jahre 570 unserer Zeitrechung (wahrscheinlich am 30.8.) in Mekka das Licht der Welt. Zahlreiche Wunder umrankten dieses Geschehnis: Himmelsstimmen erklangen, überirdisches Licht erleuchtete die Welt, lobpreisende Engel breiteten ihre Flügel aus, Herrscherthrone erbebten.

Muhammads Geburtstag wird in der islamischen Welt an zwei verschiedenen Tagen des dritten Mondmonats Rabi I. gefeiert: Für die Sunniten gilt der 12. Rabi sowohl als Tag der Geburt des Propheten wie auch als sein (schon früher begangener) Todestag. Die Schiiten begehen den feierlichen Anlaß dagegen am 17. Rabi I. Im Frühislam wurde das Fest noch nicht gefeiert. Größere Geburtstagsfeiern gehen erst auf das 10./11. Jahrhundert in Ägypten zurück.

In der Geburtstagsnacht erleuchten heute zum Beispiel in der Türkei ungezählte Kerzen und Lampen die Moscheen. Der Tag selbst heißt Mevlid Kandili (»Lichterfest zum Geburtstag«). Man begeht ihn mit besonderen Zusammenkünften, gedenkt des Propheten mit Lobpreisungen und Erzählungen über besondere Ereignisse seines Lebens. In Pakistan ist der ganze Monat dem Andenken des Gottesgesandten gewidmet. Für die islamischen Mystiker, die Sufis, die Muhammad als »besonderen Menschen« verehren, dem sie in jeder Hinsicht nachzueifern suchen, ist der Geburtstag des Propheten ein besonders wichtiger Festtag.

## Nacht der Empfängnis des Propheten

Muslime gedenken am Anfang des Monats Radjab der Empfängnis des Propheten Muhammad. Der Überlieferung zufolge gelangte das göttliche Licht auf der Stirn von Muhammads Vater Abdallah in den Schoß seiner Mutter Amina. In der Türkei wird diese Nacht wie noch vier weitere als Kandil (»Licht«)-Nacht begangen, in der die Moscheen erleuchtet werden.

## Lailat al-Miradj

Das Fest der Nachtreise und Himmelfahrt des Propheten, begangen am 27. Radjab, gehört zu den »fünf heiligen Nächten« des Islam. Im Koran wird auf die »Nachtreise« folgendermaßen angespielt:
»Preis sei dem, der des Nachts seinen Knecht von der heiligen Kultstätte zur entferntesten Kultstätte reisen ließ, deren Umgebung wir gesegnet haben! Wir wollen ihn von unseren Wunderzeichen schauen lassen!« (Sure 17,1) Hier wird Gott gepriesen, der seinen »Diener« von Mekka nach Jerusalem, wie die »entfernteste Kultstätte« meist gedeutet wird, reisen ließ. Ibn Ishaq überliefert Muhammads »Nacht-« und »Himmelsreise«. Beide werden in der Tradition oft miteinander verbunden. »Dem Propheten wurde der Buraq gebracht. Dies ist das Reittier, auf dem auch die Propheten vor ihm geritten waren und das seinen Huf bei jedem Schritt so weit setzt, wie sein Blick reicht. Er wurde auf das Reittier gehoben, und Gabriel begleitete ihn, wobei er die Wunder zwischen Himmel und Erde sah, bis er nach Jerusalem gelangte. Da traf er Gottes Freund Abraham, Moses und Jesus inmitten anderer Propheten, die sich für ihn versammelt hatten, und betete mit ihnen.«
Einer anderen Überlieferung zufolge schlief Muhammad in der Kaaba

und wurde von Gabriel auf Buraq gesetzt, der mit ihm zusammen die Nachtreise nach Jerusalem unternahm: »Nachdem ich in Jerusalem gebetet hatte, wurde mir eine Leiter gebracht, so schön, wie ich noch nie etwas gesehen hatte. Es war die Leiter, auf die die Todgeweihten ihre Augen richten, wenn das Ende naht. Gabriel ließ mich auf ihr hinaufsteigen, bis er mich zu einem der Himmelstore brachte, das man das Hütertor nennt.«

Muhammad steigt den siebenfach geschichteten Himmel hinauf, begegnet auf jeder Himmelsebene einem seiner Prophetenvorgänger: Adam, den beiden Vettern Jesus und Johannes, Joseph, Idris, Aaron, Moses, schließlich im sechsten Himmel »Vater Abraham«. Endlich betritt der Gesandte den siebten Himmel und sieht im Paradies Gott von Angesicht zu Angesicht. Gott erlegt den Muslimen täglich 50 Gebete auf. Auf Anraten Moses handelt der Prophet sie jedoch auf fünf herunter. In der persischen und persisch beeinflußten Dichtung wurde die Himmelsreise mit immer neuen fantastischen Bildern beschrieben. Besonders beliebt war die nächtliche Himmelsreise bei den Mystikern. Himmelsleiter und Himmelsreise werden als Bilder für den inneren Aufstieg gedeutet.

## Alis Geburtstag

Die Schiiten feiern am 13. Radjab den Geburtstag von Ali, Vetter und Schwiegersohn Muhammads sowie 4. Kalif. Für die Schiiten ist Ali der erste »Imam«.

## Lailat al-Bara'a

Diese den Gläubigen freigestellte Feier in der Nacht vom 14. auf den 15. Schaaban ist ein Bußtag. Die Gläubigen bitten Gott, der alle Taten der Menschheit des vergangenen Jahres aufschreibt, um Vergebung ihrer Sünden.

## Fastenmonat Ramadan

O Gott, dies ist der Monat Ramadan, in dem Du den Koran als Richtschnur der Menschen herniedergesandt hast. Dies ist der Monat der Übung, der Rückkehr zu Dir, der Buße, der Vergebung und des Erbarmens. O Gott, stehe mir mit Deiner gnädigen

Hilfe bei und leite mich dadurch zum Gehorsam gegenüber Dir. Gewähre mir die Gaben dieses Monats und bewahre mich in der Buße« – so lautet ein Ramadangebet.

In der »Nacht der Sichtung« wird der Beginn des Fastenmonats Ramadan gefeiert. Muslime fasten einen Monat lang von Beginn der Morgendämmerung bis zum Untergang der Sonne. Während des Zeitraums der Helle enthalten sich alle erwachsenen, ihrer Sinne mächtigen und gesunden Muslime der Nahrung, Getränke, Genußmittel (z. B. Rauchen) und des Geschlechtsverkehrs. Das Fasten gilt als ein Gebot Gottes: »Ihr Gläubigen! Euch ist vorgeschrieben zu fasten, so wie es den Menschen, die vor euch lebten, vorgeschrieben war. Vielleicht werdet ihr gottesfürchtig sein (...). Gott will es euch leicht und nicht schwer machen« (Sure 2,183.185). Fasten ist Ausdruck von »Gottesfurcht«. Muslime stellen ihr Fastengebot ausdrücklich in die jüdischen und christlichen Fastentraditionen hinein. Die Fastenforderungen sind kein sklavisch zu befolgendes Gesetz; denn Altersschwache, unheilbare Kranke und Kinder sind vom Fasten befreit. Reisende, schwangere und stillende Frauen, Kranke und Alte können ihr Fasten verschieben. Menstruierende Frauen dürfen nicht fasten. Liberale muslimische Theologen neigen dazu, Schwerstarbeitern eine Unterbrechung des Fastens zu gestatten. Vertreter bestimmter Berufe – Piloten u.ä. – sind aufgrund besonderer Rechtsgutachten vom Fasten befreit. Als Ersatzleistung ist eine Armenspeisung vorgesehen: Sie müssen einen Armen einen Monat lang so mit Grundnahrungsmitteln versorgen wie sich selber bzw. Geld in entsprechender Höhe spenden. Wie alle übrigen islamischen Pflichten ist das Fasten eine gemeinschaftliche Handlung, die den einzelnen Muslim in die große »Umma«, die Gemeinschaft aller Gläubigen, einreiht.

Das Fasten hat eine wichtige ethische Seite: Es wäre ungültig, wenn der Muslim lügen und betrügen würde, anderen Menschen übel nachredete, grobe und verletzende Worte gebrauchte. Allabendlich findet das »Fastenbrechen« statt: ein kommunikatives Ereignis im Kreise von Verwandten, Nachbarn und Freunden. Guter Brauch ist es, sich um die Mittellosen zu kümmern. Der Fastenmonat ist eine Zeit der Buße und Versöhnung. Man soll die Abendstunden nutzen, um wieder Frieden zu stiften. »Höre mich in diesem Monat, wenn ich zu Dir rufe, damit ich dessen teilhaftig werde, worauf ich hoffe« – so endet das eingangs zitierte Ramadangebet.

## Lailat al-Qadr
## (Nacht der Macht/Bestimmung)

Die »Nacht der Macht/Bestimmung« gehört zu den »fünf heiligen Nächten« des Islam und wird meist in der 27. Nacht des Fastenmonats Ramadan gefeiert. Die türkische Bezeichnung lautet Kadir Gecesi. Dabei wird der Offenbarung der ersten fünf Verse der 97. Sure des Korans an Muhammad gedacht.

> »Siehe, wir ließen IHN niedersteigen
> zur herrlichen Nacht.
> Kannst du dir ausdenken,
> was diese herrliche Nacht bedeutet?
> Diese herrliche Nacht
> ist besser als tausend Monde.
> Da stiegen die Engel herab und der Geist
> auf ihres Herrn Geheiß mit der Ganzheit des Wortes.
> Heil(bringend) war sie
> bis zum Aufstieg des Morgenrots«.

In feierlichen Worten preist diese Sure die Herabkunft des göttlichen Wortes. Wie im Christentum (»Weihnachten«) und Buddhismus (»Nacht des Erwachens«), so steht auch im Islam eine heilige Nacht im Zentrum. Muslime erinnern sich in der »Nacht der Macht/Bestimmung« an die Offenbarung ihres heiligen Buches.

## Id al-Fitr (Fest des Fastenbrechens)

Dieses dreitägige Fest (türkisch: Ramasan Bayrami) am Ende der Fastenzeit mit seinen Glückwünschen und Geschenken nimmt im Bewußtsein vieler Muslime die erste Stelle unter den Festen ein. Der türkische Name Seker bayram bedeutete zunächst wohl »Dankfest«, wird heute aber mit den Süßigkeiten (Seker = Zucker) in Verbindung gebracht, die an diesem Tag verschenkt werden. Typische türkische Süßigkeiten sind Baklava (Süßspeise aus Blätterteig, Mandeln und Pistazien) und Lokum, ein erkalteter, in Kuchenform gegossener Sirup, der aus Zucker, Orangen- oder Grapefruitsaft und Weinstein besteht und mit Puderzucker bestreut wird. Das Fest ist eine Zeit der Danksagung, weil Gott den Muslimen die

Einhaltung des Fastens ermöglicht und die Übertretungen vergeben hat. Zu diesem Tag gehört ein besonderes Gemeindegebet. Man besucht Freunde und Verwandte. Jeder Muslim, der nicht unter Armut leidet, ist verpflichtet, Bedürftige durch eine Gabe an der Festfreude teilnehmen zu lassen.

## Id al-Adha (Opferfest) / Hadjdj
### (Wallfahrt/Pilgerfahrt nach Mekka)

Dieses höchste islamische Fest (türkisch: Kurban Bayrami) dauert vier Tage. Im Mittelpunkt des Opferfestes stehen die Hingabe des Menschen an Gott und das Vertrauen auf seine Barmherzigkeit. Muslime sehen in diesem Fest gleichsam ein Vorerlebnis der Auferstehung. Der Anlaß zu diesem Fest ist eine Erzählung, die im Alten Testament und im Koran (Sure 37,100 ff.) vorkommt: In ihr fordert Gott Abraham auf, seinen Sohn Ismail als Zeichen des Gehorsams zu opfern. Im letzten Augenblick allerdings verzichtet Gott auf das Opfer des Kindes und schickt an dessen Stelle ein Schaf. In Erinnerung daran kaufen viele muslimische Familien, die es sich leisten können, ein Schaf zu diesem Fest, das nach den religiösen Regeln geschlachtet und gemeinsam verzehrt wird: Ein Drittel des Fleisches erhalten Bedürftige, ein weiteres Drittel die Verwandtschaft. Das gemeinsame Festmahl ist der eigentliche Höhepunkt. Neben dem Fleisch werden gern Pilav (Reis), Gemüse, Salat und Apfelsüßspeise gereicht. Darüber hinaus besucht man gemeinsam die Moschee und liest im Koran. Es werden Geschenke verteilt. Viele Muslime bringen an diesem Tag auch ein finanzielles Opfer – bis zu 10% ihres Jahreseinkommens. Die finanziellen Gaben werden für arme Familien, karitative Einrichtungen, Behinderte u.a. verwendet. Manche übernehmen auch die Ausbildung eines armen Verwandten bzw. anderer Bedürftiger. In islamischen Ländern bleiben Schulen und Behörden geschlossen.

Wenigstens einmal in ihrem Leben wollen Muslime den Hadjdj unternehmen: die rituelle Reise zur Kaaba mit dem eingemauerten schwarzen Stein und zu den anderen denkwürdigen Orten ihres Glaubens. Für alle erwachsenen Muslime, Frauen wie Männer, ist der Hadjdj eine religiöse Pflicht, sofern sie in der Lage sind, sie zu unternehmen. Die Teilnehmer müssen allerdings »frei«, geistig und körperlich gesund sein. Außerdem müssen sie finanziell in der Lage sein, die Reise anzutreten und nicht durch Hindernisgründe (Gefahren, Krieg u. a.) daran gehindert sein. Man unterscheidet die »Umra«, die »kleine Fahrt«, die nicht an bestimmte Zeiten gebundene Handlung, vom eigentlichen Hadjdj. Der vorgeschriebene Zeitpunkt für den offiziellen Hadjdj ist die 10. Woche nach dem Fastenbrechen am Ende des Ramadan, beginnend am 8. Tag des 12. Monats des islamischen Mondjahres.

Der Hadjdj unterscheidet sich schon dadurch von anderen Pilgerreisen, daß weder Hin- noch Rückreise zu seinen konstituierenden Bestandteilen gehören. Nur die Riten während des insgesamt 13-tägigen Geschehens sind Bestandteil des Hadjdj.

Zu Beginn hüllen sich die männlichen Pilger in zwei saumlose, etwa zwei Meter lange weiße Tücher, gleichen sich einander vollkommen an. Dereinst werden diese Gewänder ihre Totenkleider sein. Ein Tuch wird um die Hüften, das andere um die Schultern geschlungen. Als Schuhe sind nur ungenähte Sandalen erlaubt, Ferse und Zehen bleiben unbedeckt. Die Frauen dürfen weiterhin ihre normalen, verschiedenfarbigen Kleider tragen. Nun befinden sich die Muslime im vollen Weihezustand (Ihram), der sich bis zur Steinigung des Teufels von al-Aqaba erstreckt und bestimmte Tätigkeiten untersagt (so Geschlechtsverkehr, Jagen, Schneiden von Fingernägeln und Haar, Bäume fällen, Gewaltanwendung in jeglicher Form). Der Hadjdj-Teilnehmer hat sich für den Umgang mit Gott bereitet, sich gereinigt und durch Weihe aus dem profanen Bereich abgesondert. Erst dann betritt er den »heilig-unverletzlichen« Boden, der die Orte des Hadjdj umgibt. Die Teilnehmer geben eine Niyya, d.h. eine »Absichtserklärung«, ab, daß sie die vorgeschriebenen Wallfahrtsrituale genau einhalten, diese also zu bestimmten Zeiten an genau festgelegten Orten ausführen werden.

Vom 1. Schawwal bis zum 8. Dhu'l Hidjdja treten die Muslime in den Weihezustand ein, unternehmen den Tawaf: die – gegen den Uhrzeigersinn ausgeführte – siebenmalige Umkreisung der Kaaba, des »Hauses Gottes«. Die neben dem Tawaf wichtigste Form des »heiligen Gehens« ist die sa'y, die »Laufprozession« – unweit der Kaaba. Siebenmal gehen die Gläubigen in schneller Gangart zwischen den Hügeln von as-Safa und al-Marwa hin und her. Der Koran verknüpft die (altarabische) Laufprozession mit dem Abraham- und Hagar-Geschehen. Abraham soll in jener Gegend vor dem Teufel geflohen sein. Er hatte zwei Frauen, die kinderlose Sarah und Hagar, die er mit Einverständnis Sarahs ehelichte, um einen Sohn zu bekommen. Beide Frauen stritten sich jedoch, als der Sohn Ismail geboren war. Die Situation wurde schließlich unerträglich, und Abraham schickte seine zweite Frau und das Kind fort in die Wüste. Die verzweifelt nach Wasser suchende Hagar stieg auf den Hügel von as-Safa, um nach einer vorbeiziehenden Karawane Ausschau zu halten. Dann lief sie nach Marwa, kehrte ergebnislos zurück und rannte erneut nach Safa. So lief sie insgesamt siebenmal hin und her: Vorbild für die Laufprozession der Muslime, die damit an dieses Ereignis erinnern wollen. Die schnellere Gangart während eines Teilstückes des sa'y soll auf einem Wettrennen zwischen Abraham und dem Teufel oder auf einem Gesundheitsbeweis der Muslime gegenüber den heidnischen Mekkanern beruhen.

Am 8. Tag versammeln sich die Pilger in Mina und brechen zum Berg Arafat auf. Die Nacht zum 9. Tag übernachten die Pilger in Mina, wo sie bestimmte Gebete verrichten. Am 9. Tag müssen sich die Pilger von Mittag bis Sonnenuntergang dort aufhalten. Sobald die Sonne ihren Zenit erreicht hat, findet das zentrale Hadjdj-Ereignis statt: Die Pilger verrichten das rituelle Gebet und »stehen« in der Ebene von Arafat bis zum Untergang der Sonne. Dieser Wuquf-Ritus des »Stehens« in Gottes Gegenwart gilt als Höhepunkt des gesamten Hadjdj. Ein Imam hält die Predigt und erinnert an die Abschiedspredigt des Propheten Muhammad, die dieser auf seiner letzten Wallfahrt an eben dieser Stelle gehalten hat. Nach dem Sonnenuntergang brechen die Pilger von Arafat nach Maschar (Muzdalifa) auf, wo sie bis zum Sonnenuntergang des 10. Tages bleiben. Dieses kurze Verweilen nutzen sie u.a. dazu, um Steinchen zu sammeln. Dann geht die Wanderung am 10. Tag nach Mina zurück, wo die Pilger nach Sonnenaufgang ankommen. Hier findet dann die symbolische Steinigung des Satans statt. Die Pilger werfen an drei aufeinanderfolgenden Tagen jeweils sieben Kieselsteine gegen drei »Steinsäulen«. In Mina findet das große »Opferfest« statt, bei dem jeder Pilger, der dazu in der Lage ist, ein Schaf bzw. eine Ziege schlachtet. Anschließend begeben sich die Pilger wieder nach Mekka, vollziehen einen weiteren siebenmaligen Rundlauf um die Kaaba und verrichten zwei Einheiten des Tawafgebetes. Auch der Lauf zwischen Safa und Marwa wird wiederholt. Schließlich erfolgt eine

Abschlußumkreisung der Kaaba. Die Verehrung des Steines wird im Anschluß an eine Aussage des 2.Kalifen Umar gern so begründet: »Ich weiß, daß Du nur ein Stein bist, der weder Gutes noch Böses tun kann. Wenn ich nicht gesehen hätte, wie der Prophet Dich geküßt hat, hätte ich Dich niemals geküßt«.

## Id al-Gadir Hum

Am 18. Dhu'l-Hidjdja wird dieses Fest in der schiitischen Welt begangen, weil nach schiitischem Glauben Muhammad seinem Vetter und Schwiegersohn Ali den Rang eines Nachfolgers beim Teich (Gadir) Hum verliehen hatte.

# 3.4 Feste am Lebensweg

## Geburtstag

Im Koran werden Schwangerschaft und Geburt mit der Auferstehung in Verbindung gebracht. Geburtstage haben in der islamischen Tradition im allgemeinen aber keinen großen Stellenwert. Erst in jüngerer Zeit werden sie vor allem in den Städten gefeiert. Für das Leben auf den Dörfern ist der Geburtstag weniger wichtig. Dem Neugeborenen wird der Gebetsruf ins rechte, das Glaubenszeugnis ins linke Ohr geflüstert. Bei der Durchtrennung der Nabelschnur wird dem Kind oft ein religiöser Name gegeben, zum Beispiel Muhammad, Ali, Fatima usw.

## Aqiqa-Zeremonie (Namengebung)

Im allgemeinen findet sie am 6., öfter noch am 7. Tag nach der Geburt statt. Beliebt sind die Namen des Propheten, seiner Familienangehörigen, bei Schiiten die Namen Ali und Husain.

Bei der Aqiqa-Zeremonie wird dem Kind etwas Haar abgeschnitten. Dies wird dann gewogen, und der Gegenwert seines Gewichtes in Silber oder Geld den Armen als Almosen gespendet. Verfügt man über ausreichende Mittel, so wird darüber hinaus ein Schaf geopfert, um Freunde und Arme damit zu speisen. Nach dem Koran soll das Kind zwei Jahre lang gestillt werden.

## Erster Zahn

Sobald der erste Zahn im Munde des Kindes gesichtet wird, begehen viele (türkische) Muslime ein Fest, das weniger mit dem Islam als mit Volksbrauchtum zu tun hat. Ein anderer Brauch ist es, daß derjenige, der den ersten Zahn sieht, dem Kind etwas schenken muß. In der Türkei wird das Baby auf ein weißes Tuch gelegt, wobei der Kopf mit einem Kissen gestützt wird. Weich gekochter Weizen wird mit Zucker gemischt und auf den Kopf des Kindes gestreut. Manchmal wird dem Kind auch ein Säckchen mit Weizen an die Kleidung geheftet. Vor das Kind werden drei Gegenstände gelegt: eine Schere, ein Koran und ein Goldstück. Greift das Kind als erstes zur Schere, wird es sich in seinem späteren Leben durch Geschicklichkeit auszeichnen. Nimmt es den Koran in die Hand, wird es eine gute Schulbildung erhalten. Der Griff zum Gold signalisiert Reichtum. Mutter und Kind erhalten Geschenke. Die Gäste werden mit gekochtem Weizen und Obst bewirtet. Der Weizen wird auch in Schüsseln an Nachbarn verteilt, welche die Behältnisse, mit Geschenken gefüllt, wieder zurückgeben.

## Bismillah- (»Im Namen Gottes«-) Zeremonie

Manche Muslime praktizieren den Brauch der Bismillah-Zeremonie. Im Alter von vier Jahren, vier Monaten und vier Tagen wird das Kind festlich angekleidet und lernt die Segensformel Bismillah (»Im Namen Gottes«) als Beginn seines erwünschten späteren Koranstudiums kennen. Auch werden dem für Koranstudien fähig gehaltenen Kind die ersten fünf Verse der 96. Sure vorgetragen. Diese dem Propheten Muhammad als erste geoffenbarten Zeilen handeln vom Lesen und Schreiben.

## Beschneidung

Wie das Judentum kennt auch der Islam die Beschneidung männlicher Muslime. Fast überall in der islamischen Welt praktiziert man sie. Im Koran wird sie nicht erwähnt. Auch wenn sie keine Pflicht, sondern nur ein verdienstliches Werk ist, würde kein Muslim auf sie verzichten. Die in manchen Ländern vorkommende Frauenbeschneidung ist wegen der Asylsuchenden aus diesen Ländern bei uns zu einem Problem geworden. Das Beschneidungsalter variiert von Land zu Land, meist liegt es zwischen dem siebten und zehnten Lebensjahr. Die Beschneidung wird entweder von einem Arzt oder einem speziell ausgebildeten Beschneider ausgeführt. Durch die Beschneidung wird der Junge in die Gemeinschaft der Muslime aufgenommen. Fast immer ist die Beschneidung ein großes Familienfest. In Deutschland lebende türkische Eltern lassen ihre Kinder oft während eines Heimaturlaubes beschneiden. Zum einen, weil es für den Jungen dort leichter ist, und zum andern, weil Verwandte und Freunde problemloser eingeladen werden können.

Da das Beschneidungsfest sehr aufwendig gefeiert wird, also teuer ist, herrscht allgemein der Brauch, das Fest für mehrere Jungen der Verwandtschaft gemeinsam auszurichten. Bereits mehrere Tage vorher tragen die Jungen ein Festkleid und erhalten Geschenke. Der erste Tag des zweitägigen Festes heißt Henna-Abend. Dann werden dem Jungen drei Finger mit Henna rot gefärbt. Diesen Henna-Abend feiert der Junge noch in der Gesellschaft der Frauen. Am Tag darauf beginnt das Fest der Männer. Es finden Koranlesungen statt, und nach Gebeten und Moscheebesuch führen die erwachsenen Männer den Jungen in einer Art Prozession durch die Stadt. Anschließend wird der Knabe beschnitten. Nach dem Eingriff müssen die Jungen einige Tage eine Art Nachthemd tragen. Alle Leute, die einen Jungen in solchem Gewand sehen, beglückwünschen ihn und schenken ihm Süßigkeiten oder Geld.

## Ehe/Hochzeit

Die Hochzeit ist ein wichtiges Ereignis vor allem. im Leben einer Frau, bei der sie aus ihrer Herkunftsfamilie in die Familie des Bräutigams überwechselt. Der erste Abend der Hochzeitsfeier heißt Henna-Abend, bei der eine Hand der Braut mit Henna gefärbt wird. Die Braut verbringt diesen Abend zusammen mit weiblichen Gästen im Hause ihrer Eltern. Dabei eröffnen die Braut und die Schwester des Bräutigams den Tanz (türkisch: görümce). Die Männer feiern getrennt mit dem Bräutigam. Am folgenden Tag wird die Feier fortgesetzt. Gegen Abend ziehen Frauen und Männer zusammen mit der Braut ins Haus des Bräutigams. Dann wird von einem männlichen Mitglied der Familie des Bräutigams ein rotes Band zerschnitten, mit dem der Brautvater zuvor die Braut gebunden hat. Die Braut begrüßt die Familie des Bräutigams, und die Feier wird in dessen Haus fortgesetzt, wobei jedoch Frauen und Männer wieder getrennt feiern. Am dritten Tag schließlich wird die gesetzliche Trauung vor einer staatlichen Behörde vollzogen. In manchen Gegenden verlaufen Einzelheiten der Feier leicht anders. Auch schwindet die strenge Geschlechtertrennung dort, wo westlich-europäischer Einfluß Oberhand gewonnen hat.

## Tod/Bestattung

Der Muslim lebt in dem Bewußtsein, daß sein irdisches Dasein ein vorübergehendes Geschenk Gottes ist. Der Tod ist aber nichts Negatives, Böses. Er resultiert nicht wie im Christentum aus der »Sünde«. Der Tod ist von Gott »geschaffen«, um die Menschen zu »prüfen«. Der Tod wird als »Eingehen in die Obhut Gottes« aufgefaßt. Nach dem großen Denker Al-Ghazali (1058-1111) unterbricht der Tod zunächst den Zusammenhang zwischen Geist und Körper, ist ein Übergehen vom »Haus der Vergänglichkeit« in das »Haus der Beständigkeit«. Das Jüngste Gericht wird am Ende der Zeiten hereinbrechen. Dann steht jeder Mensch vor seinem Schöpfer. Größte Sünde wäre es, an Gottes Barmherzigkeit zu zweifeln. Dies wäre letztlich ein Zweifel an Gott selbst. Niemals soll der sündige Mensch die Hoffnung aufgeben: »Wer würde die Hoffnung auf die Barmherzigkeit seines Herrn aufgeben! (Das tun) nur diejenigen, die irregehen« (Sure 15,56). Wer das Gericht besteht, gelangt in das Paradies. Es gibt muslimische Theologen, die davon ausgehen, daß die Hölle nicht das letzte sein wird: Der »barmherzige Erbarmer« werde eines Tages alle seine Geschöpfe um sich versammeln. Eine oft im Todesfall zitierte Sure lautet: »Wir gehören Gott, und zu ihm kehren wir zurück«. Nach dem Sterben wird der Leichnam gewaschen, wobei die 36. Sure zitiert wird. Anschließend wird er in ein weißes Tuch gehüllt und zur Moschee oder zum Friedhof getragen. Die Trauernden wechseln sich als Träger ab. Der Friedhof ist ein schlichter, schmuckloser Ort. Blumen sind nicht üblich. Das Grab soll so angelegt sein, daß der Tote auf der rechten Seite und mit dem Gesicht nach Mekka blickt. In den folgenden 40 Tagen finden Armenspeisungen und Koranlesungen in der Moschee statt.

Bisher wurden viele türkische Tote in Deutschland ausgeflogen, um im Heimatland ihre letzte Ruhe zu finden. Es gibt wenige Friedhöfe für Muslime in Deutschland. Da die Zahl der älteren Muslime zunimmt, tut sich im Bereich des Bestattungswesens mittelfristig ein erhebliches Problem auf.

# Ausgewählte Literatur

BALIĆ, Smail: Ruf vom Minarett. Weltislam heute – Renaissance oder Rückfall? Eine Selbstdarstellung. Wien 1979. Hamburg: ebv Rissen 1984[3]

BILDATLAS ISLAMISCHE WELT. Geschichte, Chronik, Lexikon. München: Greil 1991

BECKER, Antoinette: Meine Religion – Deine Religion. Ein erzählendes Sachbuch mit Fotografien über das Judentum, das Christentum und den Islam. Ravensburg: Otto Maier 1988[4]

FALATURI, Abdoldjavad/TWORUSCHKA, Udo: Islam im Unterricht. Braunschweig: Georg-Eckert-Institut 1992[2]

HARTMANN, Richard: Die Religion des Islam. Darmstadt: Wissenschaftliche Buchgesellschaft 1987

LUTHERISCHES KIRCHENAMT/KIRCHENAMT DER EKD (Hg.): Was jeder vom Islam wissen muß, (GTB 786). Gütersloh: Gütersloher Verlagshaus 1991[3]

SCHIMMEL, Annemarie u.a.: Der Islam III: Islamische Kultur – Zeitgenössische Strömungen -Volksfrömmigkeit. Stuttgart u.a.: Kohlhammer 1990

SCHIMMEL, Annemarie: Der Islam. Eine Einführung. Stuttgart: Reclam TB 8639, 1990

SCHIMMEL, Annemarie: Mystische Dimensionen des Islam. Die Geschichte des Sufismus. Köln: Diederichs 1985

THYEN, Johann-Dietrich: Bibel und Koran. Eine Synopse gemeinsamer Überlieferungen, Köln-Weimar-Wien: Böhlau 1993[2]

Tworuschka, Monika und Udo (Hg.): Vorlesebuch Fremde Religionen, Bd. 1: Judentum, Islam, Lahr/Düsseldorf Ernst Kaufmann/ Patmos 1993[2]

Tworuschka, Monika und Udo: Kleines Lexikon Islam. Christen begegnen Muslimen. (Reihe: Bibel, Kirche, Gemeinde, Nr. 43) Konstanz: Christliche Verlagsanstalt 1992

Tworuschka, Monika und Udo: Weltreligionen – Kindern erklärt. Gütersloh: Gütersloher Verlagshaus 1996.

Tworuschka, Udo (Hg.): Heilige Stätten. Darmstadt: Wissenschaftliche Buchgesellschaft 1994

Watt, Montgomery W./Welch, Alford T.: Der Islam I: Mohammed und die Frühzeit – Islamisches Recht – Religiöses Leben. Stuttgart u.a.: Kohlhammer 1980

Watt, Montgomery W./Marmura, Michael: Der Islam II: Politische Entwicklungen und theologische Konzepte. Stuttgart u.a.: Kohlhammer 1985

Wensinck, A.J./Kramers, J.H.: Handwörterbuch des Islam. Leiden: Brill 1976

# 4. HINDUISMUS

## 4.1 Hinführung

Hinduismus ist nach allgemeiner, indischer und westlicher, Einsicht ein von außen an Religion und Geistesleben Indiens herangetragener Begriff, unter dem sehr unterschiedliche religiöse, weltanschauliche und philosophische Denkweisen und Lebensformen zusammengefaßt werden. Ein Hindu würde von Sanatana Dharma, dem ewigen Dharma, sprechen. Das Wort, das mit »Halten« oder »Gehaltenwerden« wiedergegeben werden kann, ist vieldeutig und deshalb im Grunde nicht zu übersetzen. Es bezeichnet die »Gesamtheit der Vorschriften und Regeln, die das rechtliche, moralische, soziale und religiöse Leben des einzelnen und der Gemeinschaft bestimmen« (Klaus Klostermaier).

Als Hindu wird ein Mensch geboren. Hinduismus ist insofern eine ethnische Religion bzw. Weltanschauung. Der oder die einzelne Hindu wird in eine bestimmte Kaste geboren, seine bzw. ihre Religion hat für diese bestimmte Menschengruppe eine unverwechselbare Ausprägung. Aus ihr folgen andere Überzeugungen und Handlungsanweisungen, als sie für Angehörige anderer Kasten gelten.

Was als Hinduismus bezeichnet wird, ist über einen Jahrtausende währenden Zeitraum hin entstanden und entwickelt worden. Hindus nehmen für sich in Anspruch, die älteste Religion überhaupt zu repräsentieren. Versuchen wir nun, uns in dem umfangreichen Kosmos hinduistischer Religion(en) über deren Feste zu orientieren, so gilt es zunächst festzuhalten, daß es kaum Feste gibt, die über den gesamten indischen Subkontinent mit seinen vielen Völkern, Sprachen und kulturellen Traditionen gemeinsam oder in gleicher Weise begangen werden.

Hier kann nur verkürzt angedeutet werden, aus welchen Quellen sich die Hindu-Religion speist. Am Anfang steht die Religion der Veden. Diese stammen nach indischer Gelehrtentradition aus grauer Vorzeit, nach westlicher Wissenschaft ist der älteste Text – Rigveda – auf 1500-1200 vor der westlichen Zeitrechnung zu datieren, während der jüngste Text – die Upanishaden – im 8.-7.Jahrhundert vor dieser Zeitrechnung in Nordindien entstanden sein dürfte.

In den ältesten Textsammlungen stehen Gebete, Hymnen, Mythen, Sprüche und Anweisungen für Opferkult, für häuslichen Gottesdienst und Segens- und Zauberhandlungen im Vordergrund -Elemente, die bis heute für die Grundform hinduistischer Gottesdienste, die Puja, maßgebend geblieben sind.

Es kann hier nur vermerkt werden, daß aufgrund der äußerst zahlreichen örtlichen und regionalen Überlieferungen im Hinduglauben ein spannungsvolles Gegenüber zwischen vielen Göttergestalten, diese wiederum in vielen Erscheinungsformen, auf der einen Seite und dem einen göttlichen Ursprung und Gebot auf der anderen Seite besteht. Der Atman, der Geist des einzelnen Menschen, strebt nach Einheit mit Brahman, dem Weltgeist.

## 4.2 Das religiöse Jahr im Hinduismus

Es gibt in der Weite Indiens bis heute verschiedene Hindukalender mit mehr oder weniger Abweichungen untereinander. Verbreitet ist die Gliederung des Jahres nach den Mondphasen. Die folgende Übersicht der Monate folgt einem solchen Beispiel, wie es in den in Europa ansässigen Hindu-Gemeinschaften vorzuherrschen scheint. Die Namen sind in Sanskrit notiert. Auch in europäischen Ländern sind Monatsnamen in anderen indischen Sprachen im Gebrauch. Die folgende Reihe beginnt im Frühjahr (März/April) nach dem gregorianischen Kalender und endet im entsprechenden Zeitraum des Folgejahres. Wir haben es mit einer ähnlichen Überlappung des Jahreswechsels zu tun, wie sie z.B. zwischen jüdischem oder islamischem und westlichem Kalender existiert. Folgende Monate gliedern das Hindu-Jahr:

| | |
|---|---|
| Chaitra | Asvina |
| Vaisakha | Karttika |
| Jyaistha | Margasirsa |
| Asadha | Pausa |
| Sravana | Magha |
| Bhadrapada | Phalguna |

Jeder dieser Monate hat dreißig Tage und ist in zwei gleiche Hälften eingeteilt, eine mit zunehmendem Mond (Krsna) und die andere mit abnehmendem Mond (Sukla). Wo diese Zeiteinteilung gilt, werden die Feste entsprechend gefeiert.

Die einzelnen Feste bestimmen je nach Region und Kaste den Höhepunkt des Jahres. Zum Teil sind sie an den Jahreszeiten der Natur orientiert, oder sie gelten der Verehrung einer regionalen Tempelgottheit. Da die Feste oft in Jahrhunderten gewachsen sind, werden oftmals auch mehrere der genannten Anlässe und Motive miteinander verwoben. Wie bereits erwähnt, wird kein Fest in ganz Indien auf die gleiche Weise begangen.

Angesichts dieser Lage werden im folgenden wichtige Grundzüge gottesdienstlicher Feier an einigen Beispielen dargestellt, die so oder modifiziert im Hinduismus häufiger vorkommen.

## 4.3 Die Feste und die Bedeutung der Festriten

### Feste im Jahreskreis

*Puja: Die Grundform hinduistischer Riten*

Alle Andacht und religiöse Verehrung im Hinduismus gelten der Weltenseele oder dem Weltgeist, also Brahman, mögen auch örtliche, regionale oder der Kaste zugeordnete Gottheiten den Gottesdienst bestimmen. Soviele Tempel es auch in der Welt der Hindus gibt, kein noch so bescheidenes Haus ist ohne eine besondere Andachtsstätte unter dem Dach der Familie. Hier werden auch regelmäßig, meistens täglich, Gottesdienste gefeiert. Sie folgen dem Ritus der Puja, ein Ritus der letztlich auch für jeden Tempelgottesdienst maßgebend ist.

Mittelpunkt der erwähnten häuslichen Andachtsstätte ist ein Altar mit der Mindestausstattung eines Götterbildes, einer Öllampe (Diwa), einer Vorrichtung für das Abbrennen von Räucherstäbchen sowie einem Platz für das Niederlegen von Opfergaben. Diese können u.a.

sein: Blumen, frische und gekochte Speisen, eine Schale mit klarem Wasser oder anderen Flüssigkeiten, kunstvoll gestaltete Muster aus verschiedenen Materialien usw. Wo es die Räumlichkeiten und das Vermögen der Familie gestatten, wird ein größerer Teil des Raumes oder ein ganzes Zimmer für den täglichen Gottesdienst reserviert. Ein Familienglied, es kann z.B. eine der Töchter sein, übernimmt die Aufgabe des Priesters und leitet den Gottesdienst. Ein anderes spielt ein Musikinstrument, z.B. ein Saiteninstrument, eine Flöte oder ein kleines Harmonium. Wo immer möglich, gehört zum Vollzug der Puja Musik, von der es in Indien eine reiche Tradition mit regionalen Varianten gibt. Jede Form der Puja, von ganz einfach bis vielfach verästelt, ist denkbar.

Das Entzünden und Abbrennen eines Räucherstäbchens, das Niederlegen einer Blume können bereits Puja sein. Jede Form der Puja klingt in einer Meditation aus. Ein reicher Schatz an Gebeten und Mantras bietet sich zur reicheren Entfaltung der Puja an. Es können aus Gründen der Tradition oder aktueller Lebenserfahrungen mehrere Götterbilder auf dem Altar stehen, wobei die Hausgottheit der Familie Vorrang hat.

In den Gebeten finden Dank für Erfahrenes, Gedenken an andere Menschen und Bitten für die Zukunft ihren Ausdruck. Ein charakteristischer Gebetstext lautet: »O Herr, führe mich aus Dunkelheit zum Licht und vom Tod zur Unsterblichkeit. Laß dort Friede sein, Friede, und wirklich Friede.«

Außer Beten und Singen kann Niederknien und das Ausführen von überlieferten Gebetsgesten Bestandteil der Hauspuja sein. Anrede der Gottheit, z.B. Schiwa, Gebetshaltung, z.B. »Gib mir«, Gebetsinhalt, z.B. Gnade und Liebe, haben jeweils eigene Gesten, aus denen Gebete komponiert werden können.

Adressaten können – auch wenn letztlich Brahman gemeint ist – alle Gottheiten, aber auch ein Guru, also religiöser Lehrer, sein. Dies ist für Haus- und Tempelpuja das gleiche.

In der Tempelpuja geschieht prinzipiell nichts anderes als in der Hauspuja, allerdings gibt es zumindest zwei wichtige Unterschiede: Zum einen haben die Tempel reichere Möglichkeiten: Sie besitzen wenigstens einen Hauptaltar und zwei Nebenaltäre, oftmals noch weitere Plätze der Andacht. Zum zweiten leitet im Tempel ein Priester den Gottesdienst. Die Priester entstammen in der Regel der Kaste der Brahmanen und handeln stellvertretend für die Laien.

Die hier für Haus- und Tempelpuja mitgeteilten Zeremonien finden entsprechende Anwendung bei den verschiedenen, nicht zu zählenden Festen des Hinduismus. An einigen wenigen sei erläutert, wie sich die Grundformen der Andacht variieren lassen.

## Holi von Phagwa

Für jedes Fest gibt es mindestens eine Geschichte aus den Göttermythen und -epen, die den Grund und das Ziel des Feierns anschaulich erläutert. Beim Holi-Fest (vgl. zu dieser Gottheit auch Kapitel *Sikhismus*) handelt die Geschichte von dem Königssohn Prahlaad, dessen Leben von seinem eigensüchtigen Vater bedroht war. Prahlaads teuflische Schwester Holi konnte Feuer nichts anhaben. Darauf vertrauend, nahm sie ihn mit auf einen Scheiterhaufen. Doch er verbrannte nicht, weil er daran glaubte, daß die Götter ihn retteten. Schließlich rettete der Gott Vischnu den frommen Prahlaad. Die Moral von der Geschichte: Das Gute überwindet das Böse, wie oft in den indischen Geschichten, eine Botschaft, aus der ein jeder und eine jede sich schnell die Anwendung auf das eigene Leben ablesen konnte.

Beim Fest wird Vischnu Dank für diese gute Tat abgestattet. Am Vorabend wird ein großes Feuer »holika« abgebrannt. Ein neues Jahr beginnt, alles Böse wird verbrannt. Die Menschen laufen siebenmal um das Feuer, werfen Reiskörner, Erde und Steine ins Feuer, womit sie zugleich alle bösen Gedanken und Gefühle vernichten wollen. Ein Punkt aus der Asche von dem Feuer auf der Stirn der Teilnehmerinnen und Teilnehmer an der Zeremonie symbolisiert deren innere Reinigung. Nun können sie auch einander vergeben. Das Fest klingt mit fröhlichen Liedern und Tänzen aus.

Holi von Phagwa, das am 14. Sukla des Monats Phalguna gefeiert wird, begehen auch manche Hindugemeinschaften in Europa, z.B. in den Niederlanden.

## Raksha Bandhan

Dieses Fest des Schutzbandes wird bei Vollmond im Sravana gefeiert. Schwestern schenken ihren Brüdern aus Baumwoll- und Seidenfäden gedrehte Armbänder zum Zeichen, daß sie brüderlichen Schutz wünschen. Wo kein Bruder ist, wird ein anderes männliches Familienmitglied beschenkt. Zu weiteren Bräuchen gehört es, daß die Schwester auf der Stirn ihres Bruders einen Punkt aus rotem Puder zum Zeichen von Erfolg und Überlegenheit anbringt.

## Diwali

Hier handelt es sich wohl um das am meisten verbreitete Hindufest. Es wird am Krsna von Asvina gefeiert. Der in unterschiedlicher Schreibweise gebräuchliche Name des Festes bedeutet »leuchten«. Aus Ton gefertigte, gebrannte Öllampen (»Diwa« genannt) sind das wichtigste Symbol des Festes. Ein anderes sind die Rangoli genannten, aus Reis, farbigem Mehl und Sand gebildeten geometrischen Muster von Blumen, Ranken und Strahlengebilden.

Auch hier handelt es sich um ein Fest, in dessen Geschichte das Gute über das Böse siegt, ein Fest in dem die Gläubigen von Lakschmi, der Göttin des Wohlergehens, Gutes für ihr Leben erbitten. Die wichtigste der verschiedenen Festtraditionen stammt aus dem Ramayana, dem Epos vom Gottkönig Rama. Der lebte einst mit der schönen Sita in der Verbannung. In seiner Abwesenheit entführte der Dämonenherrscher Ravana Sita. Nach vielen Abenteuern und mit Hilfe des Affengottes Hanuman gelingt die Befreiung Sitas.

Im Sinne dieser Geschichte bedeutet das Lichtfest Diwali das Fest des Neubeginnens. Es wird, wie auch die vorgenannten Feiertage, auch von europäischen Hindugemeinschaften gefeiert.

Aus der Fülle weiterer Hindufeste seien nur wenige noch genannt:

*Makar Sankranti/Lohri:* Wintersonnenwende und ursprünglich ein Neujahrsfest. Eine Zeit, mit den Nachbarn Frieden zu schließen.
*Vasanta Panchami/Saraswati Puja:* Frühlingsanfang, Saraswati, der Göttin der Künste und der Bildung, geweiht.

*Sri Ramakrishnas Geburtstag:* (1833). Hindulehrer und Mystiker, Gründer der Ramakrishna-Vedanta-Bewegung.

*Mahashivratri:* Jede Neumondnacht ist Schiwa geweiht. Diese ist die »große Schiwanacht«, in der der Gott den kosmischen Tanz von der Schöpfung bis zum Verfall tanzt.

*Chaitra/varsha-Patripada:* Neujahrsfest des Hindu-Kalenders.

*Rama Navami:* Geburtstag Ramas, der siebenten Erscheinungsform (Avatar) Vischnus und Held des Ramayana-Epos (siehe oben).

*Ratha Yathra:* Ein Krishna geweihtes Fest, der als Jagannatha, Herr des Universums, gefeiert wird; wird in Puri und an vielen weiteren Orten mit großen Prozessionen begangen.

*Janamashtami* (Krishna Jayanti): Krishnas Geburtstag.

*Ganesh Gaturthi:* Ganesha, der Elefantengott, wird als Helfer gegen Widerstände verehrt.

*Navaratri/Durga Puja Dusserah:* Fest der Auseinandersetzung Ramas mit Ravana (siehe oben: *Diwali*) und der Erschlagung des Büffel-Dämons Durga (oder: Kali).


# 4.4 Feste am Lebensweg

Für wenigstens 16 verschiedene Lebensstadien kennt der Hinduismus religiöse Feste, die diese Stationen auf dem Weg deuten. Davon gibt es noch Varianten. Bereits wenn eine Mutter werdendes Leben in sich spürt, besucht sie den Tempel und sucht göttlichen Beistand. Manche der vielen tradierten Riten sind regional oder an eine bestimmte Kaste gebunden. Auch für die Riten am Lebensweg seien nur einige Beispiele genannt und zum Teil kurz erläutert:


## Feier von Lebensstadien

### *Namengebungszeremonie für Neugeborene*

Tempeldankopfer 40 Tage nach der Geburt, erster Tempelbesuch der Mutter nach der Geburt.
Entwöhnungsfeier im 6.Monat: Im Tempel bekommt das Kind zum ersten Mal feste Nahrung (Opferreis).

Geburtstage, die jährlich nach dem Stand der Gestirne (siehe unten: Horoskop) begangen werden.

Der erste Haarschnitt

Die Upanayana-Zeremonie: eine Art Mündigkeitserklärung, bei Brahmanen (Priesterfamilien) mit 8 Jahren, bei Familien von Kshatriyas (Soldaten und Beamten) und Vaishyas (Bauern und Kaufleuten) um das 11. Lebensjahr.

Hochzeit und Hausweihe.

Kremations- und Totenriten für die Verstorbenen.

## Lebenshoroskop

Jedes Menschenleben gilt Hindus als Teil eines göttlich geordneten Weltgefüges (Dharma). Vorhaben und Pläne einzelner Menschen stehen in diesem weiteren Kontext. Dem Stand der Gestirne kommt daher große Bedeutung zu. Sie zu befragen, ist Aufgabe erfahrener und studierter Astrologen.

So holen Eltern bei der Geburt eines Kindes ein Lebenshoroskop ein. Dieses macht auf Zeiten der Gefahr aufmerksam, nennt Vorzeichen, die Beachtung verdienen, akzentuiert bestimmte Lebensabschnitte und deutet die Begabungen und Schwächen des Kindes. Diese Angaben sollen den Eltern bei ihrer Aufgabe helfen, ihrem Kind den Weg ins Leben so zu ebnen, daß es den ihm angemessenen Platz im Dharma dieser Welt findet.

Dieses und spätere Horoskope helfen bei der Wahl eines guten Zeitpunktes für die Eheschließung, aber auch bei Geschäftsgründungen, Kauf- und Verkaufsabschlüssen usw. Bei dem Ganzen handelt es sich um ein sorgfältig betriebenes Geschäft, das keinerlei Verwandtschaft mit den im Westen eher oberflächlichen Horoskopen in Zeitungen und Zeitschriften aufweist.

## Die Kremation der Verstorbenen

Am heiligen Fluß Ganges wurden lange Steinterrassen erbaut. Diese dienen der Verbrennung der Toten, deren Asche dann in die heiligen Wasser des Flusses gestreut wird. Wo Kremationen in weit entfernten Landesteilen stattfinden, gelten andere Gewässer als dem heiligen Fluß ebenbürtig. Wenn ein Mensch in der

Familie stirbt, wird die Nachricht davon mit Telegrammen so schnell wie möglich Verwandten und Freunden übermittelt. Erst wenn nach 12 oder 15 Stunden alle wichtigen Familienglieder gekommen sind, wird der Tote fortgebracht.

Nachdem die Leiche gewaschen und gereinigt wurde, legt man sie, in Tücher gehüllt, auf eine Bahre oder in den Sarg. Diese(r) wird von sechs Familienmitgliedern zum Ort der Verbrennung gebracht und dort auf einem Holzstapel aufgebahrt. Dazu bringen die Angehörigen Sandelholz und anderes trockenes Holz an. Trockene Zuckerrohrstücke werden an verschiedenen Stellen des Stapels angezündet. Der Priester singt Hymnen. Erst wenn vom Verstorbenen nichts mehr zu erkennen ist, verläßt die Trauergemeinde den Platz.

Am Tag nach der Kremation kommen die Angehörigen wieder an den Verbrennungsplatz, sammeln Gebeine und Asche ein, um sie in das Gewässer zu streuen. Am vierten Tag machen Verwandte und Freunde einen Beileidsbesuch im Trauerhause. Nach einer Trauerfeier werden die Leidtragenden beschenkt. Gebete für den Frieden des verstorbenen Menschen werden gesprochen. Am 11. oder 13. Tag wird das *Kriyafest* gefeiert. Noch einmal ist Gelegenheit, der Familie das Mitgefühl zum Ausdruck zu bringen.

Eines der Lieder, die der Priester bei der Kremation rezitiert, beginnt mit den Worten:

> »Erkenne diese(n) Atman (Seele)
> Ungeboren, unsterblich,
> Niemals endend, niemals beginnend.
> Ohne Tod, ohne Geburt,
> Unverwandelbar für immer
> Wie kann sie sterben
> den Tod des Leibes?«

Das wirkliche Selbst, so die Botschaft, kann nicht sterben. Am Ende der Bestattungszeremonie wird ein Friedenssegen gesprochen, der am Schluß aller Hindu-Zeremonien steht:

> »Friede sei in den höheren Welten,
> Friede sei im Himmel, Friede sei auf Erden...«

Am Schluß dieses Segens heißt es:

> »Om: Friede, Friede, Friede.«

Das Urwort Om (auszusprechen: A-U-M) ist Schlüssel des Hindu-Glaubens, nicht nur in der Stunde des Todes. Es verweist auf den Ausweg aus dem Kreislauf der Wiedergeburten. A steht für Wachsein, U für Träumen, M für den darauf folgenden Tiefschlaf und das abschließende Schweigen. Das Sehnen, das alle Hindu-Religiosität bestimmt, hat seine Erfüllung gefunden: den Frieden in der Einheit von Atman und Brahman. Darum gilt Om allen Hindus als das höchste Weltprinzip.

## Ausgewählte Literatur

BANCROFT, Anne: Religionen des Ostens. Wege geistiger Erfahrung. Zürich: Theseus 1974

BECHERT, Heinz/SIMSON, Georg v.: Einführung in die Indologie. Stand – Methoden – Aufgaben. Darmstadt: Wissenschaftliche Buchgesellschaft 1979

BSTEH, Andreas (Hg.): Sein als Offenbarung in Christentum und Hinduismus. Beiträge zur Religionstheologie 4. Mödling: St.Gabriel 1984

HEILER, Friedrich: Die Religionen der Menschheit. Neu hg. von Kurt Goldammer, Stuttgart: Reclam 1991[5].

KÄMPCHEN, Martin: Der Alltag hat noch nicht begonnen. Der christlich-hinduistische Dialog in Indien und Europa, in: Lutherische Monatshefte, 27. Jg., H. 5

KELLER, Carl-A.: Heilige Stätten im Hinduismus. In: Udo Tworuschka (Hg.): Heilige Stätten. Darmstadt: Wissenschaftliche Buchgesellschaft 1994, S. 102-132

KÜNG, Hans/STIETENCRON, Heinrich von: Hinduismus und Christentum. In: Küng, Hans/van Ess, Josef/Stietencron, Heinrich von: Christentum und Weltreligionen. Islam, Hinduismus, Buddhismus. München/ Zürich 1984

MEHLIG, Johannes (Hg.): Weisheit des alten Indien, Bd.1: Vorbuddhistische und nichtbuddhistische Texte. Leipzig/Weimar: Kiepenheuer 1987

OTTO, Rudolf: Indiens Gnadenreligion und das Christentum. Vergleich und Unterscheidung. München 1930

PANIKKAR, Raimundo: Der unbekannte Christus im Hinduismus. Mainz: Grünewald 1986[2]

SCHWEITZER, Albert: Die Weltanschauung der indischen Denker. Mystik und Ethik. München: Beck (BSR 332). Nachdruck der 3. neugefaßten Auflage von 1965, 1987

TWORUSCHKA, Monika und Udo (Hgg.): Vorlesebuch Fremde Religionen, Bd. 2: Buddhimus – Hinduismus, Lahr/Düsseldorf: Verlag Ernst Kaufmann/ Patmos 1994[2]

TWORUSCHKA, Monika und Udo: Weltreligionen – Kindern erklärt. Gütersloh: Gütersloher Verlagshaus 1996.

VIVEKANANDA, Swami: Vedanta. Der Ozean der Weisheit. Ein Einführung in die spirituellen Lehren und die Grundlagen der Praxis des geistigen Yoga in der indischen Vedanta-Tradition. Bern u.a.: Scherz für O.W.Barth 1989

# 5. BUDDHISMUS

## 5.1 Hinführung

Am Anfang des Buddhismus steht eine Persönlichkeit, deren historische Existenz heutzutage nicht mehr bestritten wird: Siddharta Gautama, Sohn eines aus der Kriegerkaste stammenden nordindischen Provinzgouverneurs. Er lebte zwischen 560 und 480 vor Christus; nach neuerer Datierung zwischen 450 und 350. Buddha ist ein Ehrentitel, bedeutet »Erwachter«, »Erleuchteter«. Dieser historische Buddha wird von den Gläubigen oft Buddha-Shakyamuni (»Weiser aus dem Shakya-Geschlecht«) genannt. Buddhas »Erwachung« (bodhi) besteht in dem »dreifachen Wissen«, das der »aus dem elterlichen Haus in die Hauslosigkeit« Ausgewanderte in einer Nacht erfährt. In den darin enthaltenen »edlen vier Wahrheiten« lehrt Buddha die »generelle und existentielle Unheilssituation« (Gustav Mensching), in der sich unterschiedslos alle Wesen befinden. Er weist einen Weg, der aus diesem »Leiden« in das leidlose Nirvana führt. Nicht der Buddha, sondern der Dhamma, die »Lehre«, steht im Mittelpunkt der Verkündigung Buddhas. Dementsprechend heißt es: »Wer die Lehre sieht, sieht mich«. »Drei Kostbarkeiten« sind es, zu denen Buddhisten ihre »Zuflucht nehmen«: Buddha, Dhamma und Sangha (»Gemeinde«).

Der heutige Buddhismus stellt sich als Theravada- (»Lehre der Ordensältesten«) und Mahayana- (»großes Fahrzeug«)Buddhismus dar. Früher nannte man die erste und älteste Richtung auch Hinayana, »kleines Fahrzeug«. Dieser Begriff entstammt der Polemik der Vertreter des »großen Fahrzeuges«, die ihre eigene Richtung für bedeutender als die vermeintlich »kleine« (gemeint ist »minderwertige«, »unbedeutende«) Richtung hielten. Der konservative Theravada-Buddhismus wird aufgrund seiner Verbreitung auch »südlicher Buddhismus« genannt. Er dominiert in Sri Lanka, Burma, Thailand, Kambodscha und Laos. Der zur eigentlichen »Weltreligion« gewordene Mahayana ist in China, Korea, Tibet, Vietnam und Japan vertreten. Eine besondere Variante des Mahayana ist der tibetische Vajrayana-Buddhismus

(Diamantfahrzeug), der verschiedene eigene Traditionen entwickelt hat. Ein spezieller Fall ist Japan, u.a. mit seinem (ursprünglich aus China stammenden) Zen-Buddhismus sowie den verschiedenen Ausprägungen des Amida-Buddhismus (Jodo-shu und Jodo-shin-shu) sowie des Hokké-(Lotos) Buddhismus.

Es gibt im Buddhismus große Feste, die alle Richtungen begehen, auch wenn sich ihre jeweiligen Termine je nach »konfessioneller« Ausrichtung unterscheiden. Darüber hinaus gibt es Feste und Feiern, die nur bei bestimmten buddhistischen Schulen eine Bedeutung haben, bei anderen dagegen nicht. Viele Feste erinnern an bestimmte Ereignisse aus dem Leben des historischen Siddharta Gautama Buddha, andere stehen im Zusammenhang mit biographischen Daten (u.a. Geburt, Tod) bedeutender Schulgründer. Manche Feste orientieren sich am natürlichen Jahresverlauf und/oder erhalten eine nachträgliche buddhistische Deutung.

## 5.2 Der Zeitrhythmus des Buddhismus

Die buddhistischen Feste werden nicht nach unserem Sonnenkalender gefeiert, sondern nach dem Mondkalender. Weil beide Kalender nicht aufeinander abgestimmt sind, kommen die Feste jedes Jahr auf andere Tage des Sonnenkalenders zu liegen. Die buddhistischen Feste in Japan jedoch werden nach unserem Kalender gefeiert.

Buddhistische Festtage, die sich in ihrer Ausgestaltung und oft auch ihrer jeweiligen Bezeichnung nach von Land zu Land unterscheiden, fallen immer auf Uposatha-Tage: Vollmond, Neumond sowie die Tage des ersten und letzten Mondviertels (1., 8., 15., 23. eines Monats). Jede Woche hat somit einen besonderen Feiertag, eine Art »Sonntag«. Auch wenn Uposatha »Fasten« bedeutet, zeichnen sich diese Tage nicht durch Nahrungsaskese aus, sondern mehr durch eine Abwendung der Laienbuddhisten von den Alltagsdingen, durch die intensivierte Hinwendung zu den ethischen Regeln ihrer Religion. Vor allem an Vollmondtagen suchen die Laien Klöster auf, hören die Buddha-Lehre, geloben, die acht ethischen Sila-Gebote einzuhalten:

Zusätzlich zu den fünf Grundgeboten, die für alle Buddhisten gelten (nicht töten, nicht stehlen, keinen illegitimen Geschlechtsverkehr, nicht stehlen, keine berauschenden Getränke trinken), nehmen sie keine Mahlzeiten nach der Mittagszeit ein, verzichten auf Tanzen, Singen und jedwede Amusements, benutzen kein Parfüm und tragen keinen Schmuck, sitzen nicht auf hohen Stühlen. Für Mönche und Nonnen ist die Einhaltung der Uposatha-Tage Pflicht. An Voll- und Neumondtagen wird die Ordenssatzung vor der versammelten Mönchs- bzw. Nonnengemeinde vorgetragen.

Im tibetischen Buddhismus gibt es neben speziellen monatlichen Buddha-Tagen (8: Medizin-Buddha; 15: Amitabha Buddha; 30: Buddha Shakyamuni) die vier »großen Feste«, die mit dem Leben des historischen Buddha verbunden sind. Außerdem werden sogenannte »Dakini-Tage« begangen. Dakinis sind im tibetischen Buddhismus nackte weibliche Himmelsgestalten, die den Meditierenden helfen und durch ihre Nacktheit die Erkenntnis unverhüllter Wahrheit symbolisieren. Eine Rolle spielen auch die »Dharmapala-Tage«. Dharmapalas (»Schützer der Lehre«) sind männliche Gottheiten, welche die Frommen vor Gefahren und negativen Einflüssen schützen.

## Abfolge der Feste (in Auswahl):

| | |
|---|---|
| Duruthu Perahera: | Januar |
| Todestag Shinran Shonins: | 16. Januar (bzw. 16. November) |
| Nirvana-Tag: | 15. Februar |
| Losar: | 1. Tag des ersten Monats des tibetischen Kalenders |
| Magha Puja: | 15.März |
| Frühlingsfest: | 18.-24. März |
| Neujahr (Theravada): | April |
| Blumenfest: | 8. April |
| Wesak: | 14. Tag des 3. Monats des ceylonesischen Kalenders |
| Geburtstag Shinran Shonins: | 21. Mai |
| Saga Dawa: | 7. Tag des 4. Monats des tibetischen Kalenders |
| Poson: | 15. Tag des 4. Monats des tibetischen Kalenders |
| Dzam Ling Chi Sange: | 15. Tag des 5. Monats des tibetischen Kalenders |
| Geburtstag des Dalai Lama XIV.: | 18. Tag des 5. Monats (6. Juli) |
| Bon: | 15. Juli (bzw. August) |
| Chökhor Düchen: | 4. Tag des 6. Monats des tibetischen Kalenders |

| | |
|---|---|
| Esala Perahera: | 15. Tag des 6. Monats des ceylonesischen Kalenders |
| Vassa: | 25.7. |
| Herbstfest: | ca. 23. September |
| Bodhidharma-Tag: | 5. Oktober |
| Lha Bab Düchen: | 22. Tag des 9. Monats des tibetischen Kalenders |
| Rohatsu: | 24. Tag des 9. Monats |
| Nga Chö Chenmo: | 25. Tag des 10. Monats des tibetischen Kalenders |
| Bodhi-Tag: | 8.Dezember |
| Gutor: | 29. Tag des 12. Monats des tibetischen Kalenders |

## 5.3 Die Feste und ihre Bedeutung

### Duruthu Perahera

Dieses im Januar begangene Fest in Kelaniya bei Colombo erinnert an einen legendären Besuch Buddhas in diesem Ort.

### Todestag Shinran Shonins

Die Gläubigen der Jodo-Shin-Schule begehen am 16. Januar den Todestag ihres Stifters, der von 1173 bis 1262 lebte. Im Haupttempel wird das Fest sieben Tage lang, vom 9. bis 16. Januar gefeiert. Die Higashi-Honganji-Schule begeht aufgrund des alten Kalenders dieses Ereignis schon am 16. November.

### Nirvana-Tag

Das »Ne Han Ye«-Fest erinnert an das Einge- hen des historischen Siddharta Gautama Buddha in das Nirvana, das nach Mahayana-Tradition am 15. Februar 486 vor Christus stattgefunden haben soll. Japanische Buddhisten halten am 15. Februar nicht nur eine Gedächtnisfeier, sondern gedenken auch ihrer Verstorbenen, indem sie das Ei-tai-kyo-Ritual halten, das aus der fortwährenden Rezitation von Sutren (»Lehrreden« des Bud- dha) besteht.

## Losar

Das tibetische Neujahrsfest findet am 1. Tag des ersten Monats Bumjur Dawa statt und dauert vier Tage. Es endet mit einer prächtigen Zeremonie, dem Mönlam Chenmo (»Großes Gebetsfest«), das sich über einen Zeitraum von ungefähr drei Wochen erstreckt und seinen Höhepunkt in einem »Butterfest« findet. Bereits vor Losar wird das Vor-Neujahrsfest Gutor gefeiert (siehe Gutor).

## Magha Puja

Buddhisten in Nordthailand und Laos feiern dieses Fest, das an die Versammlung von 1250 »erwachten« Jüngern in den drei Monaten vor Buddhas Tod erinnert.

## Frühlingsfest

In der Zeit vom 18. bis 24. März findet das Frühlingsfest (Shunki Higan-e) statt. Besonders zu dieser Zeit sollen Buddhisten die sechs »Vollkommenheiten« (Paramitas) üben: Gebefreudigkeit, Sittlichkeit, Geduld, Energie, Meditation, Weisheit. Diese gelten als die Tore, durch die man treten muß, um das andere Ufer (higan) bzw. das »Reine Land« im Westen zu erreichen. Vor allem um die Mitte dieser Tage herum suchen viele Japaner ihre Familiengräber auf, schmücken sie mit Blumen und legen Nahrungsmittel darauf.

## Neujahr (Theravada)

In den Ländern des Theravada-Buddhismus wird dieses (Familien-) Fest zeitgleich mit dem Neujahr der Hindus gefeiert. In Thailand und Burma steht die Verehrung der Alten, der Mönche sowie der Buddhastatuen im Tempel im Mittelpunkt.

## Blumenfest

Die meisten Mahayana-Buddhisten begehen am 8. April das Geburtstagsfest Buddha Shakyamunis. Blumenfest (Hana Matsuri) heißt es, weil nach der Legende der Buddhaknabe im Lumbini-Garten inmitten von Blüten das Licht dieser Welt erblickte. »Der ganze Lumbinihain aber war mit duftendem Wasser gesprengt und mit himmlischen Blumen überstreut worden, und alle Bäume gaben unzeitgemäß Blätter, Blüten und Früchte«. Dieses Fest, an dem auch zahlreiche Vergnügungen für Kinder stattfinden, gilt als das fröhlichste aller buddhistischen Feste. Im Zen-Buddhismus ist es als Gotan-e bekannt. Eine Blumenhalle mit einer Buddhastatue wird an diesem Tag aufgestellt, und die strengen Ordensregeln gelten einen Tag lang nicht. Theravada-Buddhisten begehen stattdessen das Wesak-Fest.


## Wesak

Von überragender Bedeutung ist das »dreimal heilige« Wesak-Fest. Seinen Namen verdankt es dem gleichnamigen Monat, der unserem Mai entspricht. In Sri Lanka wird Wesak am 14. Tag des 3. Monats begangen. Seit dem 12. Jahrhundert feiern Buddhisten drei überragende Ereignisse aus dem Leben Siddharta Gautama Buddhas: Geburt Buddhas, seine »Erwachung« unter dem Bodhi-Baum sowie sein Sterben. Auch Buddhas Tod gilt als freudiges Ereignis, weil es sein Verlöschen, sein Eingehen in das Nirvana bedeutet. In Sri Lanka verschickt man Wesakkarten an Verwandte, Freunde und Bekannte. Der Gedanke des Schenkens steht im Zentrum des Festes. Manche beköstigen Pilger, andere spenden zum Beispiel Blut. Wesak ist auch ein Lichter- und Fahnenfest. Überall auf den Straßen blicken einem Darstellungen aus dem Leben Buddhas entgegen, bunte Flaggen wehen, Laternen und Kerzen erstrahlen. In Nepal ist Wesak öffentlicher Ruhetag: Niemand darf an diesem Tag lebende Wesen töten. Schon eine Woche vorher strömen die Laienanhänger in die Tempel und zu öffentlichen Plätzen, um dort der Verkündigung der Buddha-Lehre zu lauschen. Häuser und Straßen sind festlich geschmückt, und man lädt besonders zu dieser Zeit Verwandte ein. Manche bauen Pagoden in Miniaturform nach, schmücken sie mit Blumen, stellen ein Buddha-Bild hinein. Mehrere Menschen, gefolgt von einer oft riesigen Menschenmenge, tragen dieses Gestell auf ihren Schultern durch die Straßen. In manchen Ländern ist es guter Brauch, gefangene Vögel aus ihren Käfigen freizulassen. Dies soll das buddhistische

Mitleiden versinnbildlichen. Außerdem erwerben sich die Menschen durch die befreiende Tat religiöse Verdienste.

In Japan ist das Wesak-Fest so gut wie unbekannt. In vielen Maha-yana-Ländern begeht man die drei Ereignisse getrennt voneinander. In Thailand (Wesak heißt hier Wisakha) und Tibet wird das Fest am 15. Tag des 4. Monats gefeiert; im Zen-Buddhismus am 24. Tag des 9. Monats.

## Geburtstag Shinran Shonins

Der Geburtstag des Gründers der Jodo-Shin-Schu-le, Shinran Shonin (1173-1262), fällt auf den 21. Mai.

## Saga Dawa

Am 7. Tag des 4. Monats (Saga Dawa) feiern ti-betische Buddhisten die Geburt des Buddha, während sie seine »Er-wachung« und seinen Eingang in das Nirvana am 15. desselben Monats feiern – an dem Tag, an dem thailändische Buddhisten das Wesak-Fest begehen, das aller drei Ereignisse auf einmal gedenkt.

## Poson

Das Posonfest zu Vollmond im Juni wird am 15. Tag des 4. Monats in verschiedenen Städten Sri Lankas besonders gefeiert (Anuradhapura, Mihintale, der »Wiege des Buddhismus«, sowie anderen buddhistischen Ruinenstätten). Es erinnert an die Ein-führung des Buddhismus durch den buddhistischen Mönch Mahin-da im 3. Jahrhundert vor Christus, der als Sohn des großen buddhi-stischen Friedenskaisers Ashoka gilt. Der zum Buddhismus überge-tretene ceylonesische König ließ in der damaligen Hauptstadt Anuradhapura das »große Kloster« (Mahavihara) errichten, wo sich ein Zweig des Bodhi-Baumes befand, unter dem Siddharta Gautama zum »Buddha« geworden war.

## Dzam Ling Chi Sang

Die zahlreichen lokalen Gottheiten stehen im Mittelpunkt von Dzam Ling Chi Sang. Die Tibeter verehren sie am 15. Tag des 5. Monats (3. Juli) mit Opferungen und Dankesgaben.

## Geburtstag des Dalai Lama XIV.

Am 18. Tag des 5. Monats (6. Juli) feiern tibetische Buddhisten den Geburtstag des derzeitigen XIV. Dalai Lama, der am 6.7.1935 geboren wurde.

## Bon

Das Bon-Fest (Ura Bon Ye) wird am 15. Juli des Sonnenkalenders (bzw. nach dem Mondkalender im August) gefeiert. Das japanische Bon ist eine Übersetzung des Sanskritwortes »ullambana«, welches »umgekehrt aufgehangen werden« bedeutet. Gedacht wird dabei der Mutter eines gewissen Mokuren, die wegen ihrer Gier in der Hölle »umgekehrt aufgehangen« wurde. Weil sich Mokuren auf Anraten Buddhas für arme Menschen mit Nahrungsmitteln einsetzte, wurde seine Mutter aus dieser qualvollen Situation befreit. Aus diesem Grund bringen heute japanische Buddhisten, die aller ihrer Verstorbenen gedenken, Nahrungsopfer vor den Altar, tanzen gelegentlich noch den (in Verruf geratenen) Bon-Tanz. Bon zählt zu den heitersten und ausgelassensten buddhistischen Festen. Durch »Willkommfeuer« werden die Seelen der Verstorbenen am 14. Juli/August eingeladen; durch »Geleitfeuer« am 16. wieder fortbegleitet. In manchen Gegenden werden Strohschiffe gebastelt, auf die zahlreiche Kerzen gesteckt werden. Die Schiffe werden auf Flüssen ausgesetzt.

## Chökhor Düchen

Chökhor Düchen am 4. Tag des 6. Monats erinnert daran, daß der historische Siddharta Gautama Buddha nach siebenwöchiger Unterbrechung im Anschluß an seine »Erwachung« das »Rad der Lehre« in Sarnath in Bewegung setzte und seine Heilsbotschaft verkündete.

## Esala Perahera

Dieses am 15. Tag des 6. Monats begangene Fest (auch Asalha genannt) erinnert an Siddhartas »großen Auszug aus der Heimat in die Heimatlosigkeit«, an seine erste große Predigt, die er in Sarnath gehalten hatte sowie an den Beginn des 1. Konzils in Rajagriha kurz nach seinem Tode. In Sri Lanka findet die (inzwischen touristisch stark vermarktete) glanzvolle Esala-Perahera-Prozession statt. Dann pilgern große Besucherströme zum Tempel Dalada Maligawa in Kandy, wo nach frommer Überlieferung der überdimensionale Zahn des Buddha in einem sehr großen Behälter aufbewahrt wird. Am Esala Perahera wird diese Zahnreliquie auf dem Rücken eines Elefanten durch die Straßen getragen.

## Vassa/Varsa

Kurz nach Esala beginnt am 25.7. die dreimonatige Regenzeit (Vassa/Varsa), während der sich die Mönche und Nonnen zurückziehen und zusammenleben. Bereits der historische Buddha verbrachte die Regenzeit mit seinen Mönchen an einem Ort, zog also nicht im Lande predigend umher. Die Regenzeit endet am Vollmond (15.) des 8. Monats. Dann erhalten die Ordensangehörigen von den buddhistischen Laien neue Roben und andere Gegenstände für den täglichen Gebrauch geschenkt.

## Herbst-Fest

Um die Zeit der herbstlichen Tag- und Nachtgleiche (ca. 23. September) findet bei japanischen Buddhisten das Herbst-Fest (Shuki Higan-e) statt (zur Bedeutung von Higan siehe »Frühlingsfest«).

## Bodhidharma-Tag

Zen-Buddhisten erinnern am 5. Oktober an Bodhidharma (um 470-543), den 28. Patriarchen nach dem historischen Buddha in der indischen Linie und zugleich 1. Patriarch des Cha'n

(Zen)-Buddhismus. Bodhidharma reiste nach der Tradition im Jahre 520 mit dem Schiff von Indien nach China, um dort seine Lehre (zunächst erfolglos) zu verbreiten.

## Pavarana / Ende der Regenzeit

In Thailand und Vietnam heißt das Ende der Regenzeit Pavarana, in Sri Lanka dagegen Wap. Wenn die Regenzeit vorbei ist, schmücken Buddhisten ihre Häuser und die Tempel mit Lichtern. Sie denken auch an die Wiederkehr Buddhas aus dem Tushitahimmel, wo er während der Regenzeit seiner Mutter predigte (siehe Lha Bab Düchen). Während des ganzen Monats finden »Kathina-Feiern« statt, bei denen die Bevölkerung den Mönchen Roben aus »Rohbaumwolle« (Kathina=unbearbeitetes Stoffstück) schenkt, welche diese dann gelb oder rötlich färben.

## Lha Bab Düchen

Lha Bab Düchen am 22. Tag des 9. Monats wird in Erinnerung an den Herabstieg des historischen Buddha aus dem Tushita-Himmel gefeiert. Der zukünftige Buddha stieg aus dem Himmel herab, um drei Monate lang seine Mutter zu belehren.

## Rohatsu

Im Zen-Buddhismus ist dieses Fest am 24. Tag des 9. Monats das wichtigste Ereignis des Jahres. Es gedenkt der Erwachung Buddhas. Im Kloster ist es der Abschluß einer Meditationswoche.

## Nga Chö Chenmo

An den Tod des tibetischen Reformators Jé Tsongkhapa (Ganden Ngamchö) erinnert das Fest Nga Chö Chenmo am 25. Tag des 10. Monats. Der »Mann aus dem Zwiebeltal«, wie sein Name wörtlich übersetzt heißt, war der Begründer der Gelugpa-Schule (»Gelbmützen«), zu der der Dalai Lama gehört. Am selben Tag feiern die Thailänder ihr Loi Kratong-Lichterfest. Kleine Boote aus Bananenblättern, auf denen Blumen, Kerzen und Räucherstäbchen befestigt sind, werden aufs Wasser gesetzt, um flußabwärts zu treiben.

## Bodhi-Tag

Am 8. Dezember begehen Mahayana-Buddhisten den Tag der Erwachung ihres Stifters: den Tag, als Siddharta Gautama in den frühen Morgenstunden des 8. Dezember 525 vor Chr. zum Buddha, zum Erwachten, wurde.

## Gutor

Dieses tibetische »Vor-Neujahrsfest« wird am 29. Tag des 12. Monats begangen, indem man an alles Negative des vergangenen Jahres denkt und es wegschafft.

# 5.4 Feste am Lebensweg

## Mönchsweihe

Dem Vorbild des Buddha folgend, beginnt ein buddhistischer Junge – manchmal ist er sogar noch ein Kind – sein Noviziat. Der Zeitpunkt wird durch Astrologie vorherbestimmt. Dem Jungen wird der Kopf kahlgeschoren. Dabei hält er ein Haarbüschel in der Hand, worüber er meditiert. Eltern und Verwandte beschenken den jungen Novizen. Die Aufenthaltsdauer im Kloster ist individuell verschieden, beträgt zwischen mehreren Wochen und Jahren. Mit 20 Jahren kann man zum Bhikkhu (»Mönch«) ordiniert werden. Bhikkhu zu werden gilt zum Beispiel in Thailand als ein besonders verdienstvoller Schritt. Jeder »gute« Thai-Sohn will, und sei es nur für die üblicherweise dafür bevorzugte Zeit von drei Monaten während der Regenperiode, einmal in seinem Leben zum Bhikkhu ordiniert werden. Unter den ältesten Thais gilt es als die höchste Steigerung aller Verdienste, wenn der Sohn die gelbe Robe nimmt. Sobald der Entschluß gefaßt ist, wird der Tag des Eintritts entweder in der Tageszeitung bekanntgegeben, oder der zukünftige Bhikkhu verschickt Karten an Freunde und Bekannte. Er bittet sie darin um Vergebung für alles, was er gegen sie getan haben mag. Zwei bis drei Wochen lang memoriert er Pali-Texte, die er während der Ordinationsfeier rezitiert. Die Feierlichkeiten können einen ganzen Tag in Anspruch nehmen.

Der zukünftige Bhikkhu begibt sich, mit geschorenem Haupt und dem weißen Naga-Gewand bekleidet, in einer Prozession von seinem Wohnort zum Kloster. Es kommt vor, daß er auf Schultern getragen wird. In der Hand hält er einen blühenden Lotos und Räucherstäbchen. Über ihm ist ein großer goldfarbiger Schirm ausgebreitet, der den Naga vor der Sonne schützen soll. Die Eltern des Sohnes tragen die acht typischen Mönchsrequisiten: die Almosenschale, drei Roben, einen Gürtel, ein Rasiermesser, eine Nadel und einen Wasserfilter. In der eigentlichen Zeremonie bezeugt der Kandidat sein ernstes Begehren, dem Sangha (Gemeinde der Mönche) angehören zu wollen, und bittet den ältesten Mönch um Zustimmung. Frage und Antwort nach festgelegtem Ritus wechseln einander ab. Schließlich stimmt die Mönchsgemeinde der Aufnahme zu. Der Bhikkhu darf nun die gelbe Robe anziehen. Die Bhikkhuschaft bedeutet keine lebenslange Verpflichtung. Die Mönche können jederzeit auf eigenen Wunsch den Orden verlassen. Verstößt ein Bhikkhu gegen die vier großen Verbote (Geschlechtsverkehr, Diebstahl, Mord, Anmaßung von Vollkommenheit), wird er aus dem Orden ausgestoßen. Außerdem gibt es 13 Vergehen, die einen vorübergehenden Ausschluß nach sich ziehen sowie 99 Vergehen, die zu einer schlechten Weiterverkörperung führen, wenn sie nicht bereut werden.

## Ehe/Hochzeit

Die Eheschließung ist in buddhistischen Ländern eine säkulare Angelegenheit und geschieht auf dem Standesamt. Trotzdem ist es guter Brauch, daß das Paar anschließend den Segen der Mönche im örtlichen Kloster erbittet. Die Bräuche unterscheiden sich in den buddhistischen Ländern voneinander. So wird in Thailand zum Beispiel eine »Hochzeitshütte« errichtet, in der die Mönche die Trauungszeremonie verrichten und klassische Texte rezitieren. Eine Blumengirlande umschlingt Braut und Bräutigam. Priester und Gäste sprengen geweihtes Wasser über das Paar, sprechen Segens- und Wohlergehenswünsche aus. »Möge Euer erstes Kind ein Knabe sein« – so lautet oft der Wunsch von Vater und Mutter.

## Tod/Bestattung

Buddhistische Bestattungsbräuche sind von Land zu Land verschieden. Tote werden in Thailand in das Kloster gebracht, wo sie eine symbolische Waschung erhalten. Der eingesargte Tote bleibt so lange unbestattet, wie nicht durch Horoskop ein günstiger Termin für die Verbrennung ermittelt worden ist. Die Urne mit der Asche des Verstorbenen wird im Kloster eingemauert, die restliche Asche wird von der Familie dem Meer übergeben.

In Tibet wird nach der Schilderung von Heinrich Harrer die Leiche in weiße Tücher gehüllt. »Nicht weit außerhalb des Ortes, auf einem erhöhten Platz, der durch die zahllos auffliegenden Geier und Krähen schon von ferne kenntlich war, zerhackte einer der Männer mit einem Beil die Leiche. (...) Die Knochen der Leiche wurden zerstampft, damit sie auch von den Vögeln verzehrt werden konnten und vom Leichnam keine Spur zurückblieb. So barbarisch das Ganze anmutete, war die Handlung doch von tiefreligiösen Motiven getragen. Die Tibeter wünschten, daß von ihrem Körper, der ohne Seele keine Bedeutung hat, nach dem Tode jede Spur verschwindet. Die Leichen der Adeligen und hohen Lamas werden verbrannt, aber die im Volk übliche Art der Bestattung ist die Zerstückelung, und nur die Leichen der ganz Armen (...) werden in den Fluß geworfen.«

In Nepal wird die Art der Bestattung (Verbrennen, Beerdigung, Flußbestattung, Geier) durch Horoskope bestimmt.

Im japanischen Zen-Buddhismus erhalten Verstorbene einen eigenen Namen, dessen Ehrwürdigkeit von seinem Verdienst um den Tempel abhängt.

# Ausgewählte Literatur

GRESCHAT, Hans-Jürgen: Die Religion der Buddhisten. München u.a.: UTB 1980

GRESCHAT, Hans-Jürgen: Heilige Stätten im Buddhismus. In: Udo Tworuschka (Hg.): Heilige Stätten. Darmstadt: Wissenschaftliche Buchgesellschaft 1994, S. 133-157

KLIMKEIT, Hans-Joachim: Der Buddha. Leben und Lehre. Stuttgart u.a.: Kohlhammer 1990

MENSCHING, Gustav (Hg.): Buddhistische Geisteswelt. Darmstadt: Holle 1955

TWORUSCHKA, Monika und Udo (Hgg.): Vorlesebuch Fremde Religionen, Bd. 2: Buddhismus, Hinduismus, Lahr/Düsseldorf: Kaufmann/Patmos $1994^2$

TWORUSCHKA, Monika und Udo (Hgg.): Bertelsmann Handbuch Religionen der Welt. Grundlagen, Entwicklung und Bedeutung in der Gegenwart. München: Bertelsmann Lexikon Verlag $1996^2$, S. 291-338

TWORUSCHKA, Monika und Udo: Weltreligionen – Kindern erklärt. Gütersloh: Gütersloher Verlagshaus 1996.

# 6. ZOROASTRISMUS (RELIGION DES ZOROASTER/ ZARATHUSTRA)

## 6.1 Hinführung

Der Zoroastrismus ist gemessen an der Zahl seiner Anhänger eine vergleichbar kleine Religion. Dennoch haben wir es bei den Anhängern der Lehre des Zarathustra oder Zoroaster mit einer über die ganze Welt verbreiteten Religion zu tun. Ihre Gläubigen sind z.B. in den Vereinigten Staaten und Kanada in maßgeblicher gesellschaftlicher Position anzutreffen.

Noch in einem anderen Sinne handelt es sich um eine Weltreligion: Die Grundstrukturen der religiösen Philosophie der Zoroastrier sind seit ihrer ersten Verkündigung außerordentlich einflußreich gewesen. Auch in christliche Denkweisen haben sie Eingang gefunden. Der vermutlich um etwa 1500 vor der westlichen Zeitrechnung aufgetretene Zoroaster hat in seinen Gathas genannten Hymnen eine klare Lehre verkündigt. Alle Phänomene und alles Geschehen in dieser Welt gehen auf zwei Urprinzipien zurück: das Heilige, Tugendhafte, woraus die guten Gedanken und Taten entstehen, und das Feindselige, Abträgliche, woraus mißgünstige Gedanken und böse Taten entspringen. Die permanente Spannung zwischen beiden Prinzipien bestimmt den Lauf der Welt. Ahura Mazda (Weiser Herr) ist der Eine Gott, der ungeschaffene Allmächtige, der über allem steht. In den Gathas heißt es z.B.:

> Zwei Prinzipien sind am Anfang der
> Schöpfung in der Welt der Ideen wie Zwillinge
> geoffenbart. Das eine ist die Reinheit des
> Gedankens, des Wortes und der Handlungen,
> und das andere ist die Unreinheit des
> Gedankens, des Wortes und der Handlungen.
> Der Weise soll von beiden das Gute und nicht
> das Böse für sich auswählen... (Yasna 30,3)

Entscheidung ist dem Menschen aufgegeben. Und Reinheit ist das Ziel. Solche Gedanken finden sich z.B. im Anschluß an die johanneische Überlieferung im Neuen Testament. Aber auch darüber hinaus hat das Denken in einem dualen Gegenüber von Gut und Böse, von Heil und Unheil, in vielen Geistesbewegungen seine Attraktivität erwiesen.

## 6.2 Die Feste und ihre Bedeutung

### Jamshedi Noruz

Im Frühjahr des gregorianischen Kalenders gefeiertes Neujahrsfest nach dem im Iran gebrauchten Fasli-Kalender. Bei dem Familienfest dienen Eier und immergrüne Pflanzen als Symbole des Lebens, des Fortbestehens und der Ewigkeit.

### Zartsht-no-Diso

Gedenken an den Tod des Propheten. Zarathustra und den Fravashis, den Geistern des Todes, werden Gottesdienste gewidmet.

### Farvadigan

Die letzten 10 Tage des Jahres, an denen die Fravashis oder Seelen der Verstorbenen begrüßt und unterhalten werden. Die fünf Gathas, Hymnen, deren Komposition auf Zarathustra selbst zurückgeht, werden an den letzten fünf Tagen dieser Zeit, den »Gatha-Tagen«, rezitiert.

### No Ruz

Neujahrstag nach dem Shenshai-Kalender

### Khordad Sal

Geburtstag Zarathustras

# 6.3 Riten und Feste am Lebensweg

Es entspricht dem Ziel äußerster Reinheit, daß das Feuer in den Riten dieser Religion einen hohen Rang einnimmt. Reinheit ist auch für ein anderes Ritual maßgebend, das Zoroaster offenbar aus Indien übernommen hat, wo Vergleichbares in der Kaste der Brahmanen bis heute bekannt ist: die Verleihung eines gewebten Bandes als Zeichen des Initiationsritus. Während bei den Brahmanen die Männer ein solches Band über einer Schulter tragen, führte Zarathustra den Brauch für beide Geschlechter ein. Frauen wie Männer tragen von ihrer Initiation an ein Band aus reiner Wolle, dreimal um die Hüfte geschlungen, vorn und hinten verknotet.

Den Feuerritus übernahm der Prophet aus altiranischer Tradition. Feuer erfüllt im Zoroastrismus mehrere Zwecke: Es dient der Bereitung von Speisen für die Familie und ist Gegenstand und Garant der Meditation, weshalb es unbedingt rein zu halten ist. Als im 4. Jahrhundert vor unserer Zeitrechnung Tempel in Persien gebaut wurden, war dort das Feuer als einzige Ikone erlaubt.

Der Tod gilt den um Reinheit bemühten Gläubigen als Gipfel der Verunreinigung. Die Totenmesse soll, wenn irgend möglich, noch am Todestag erfolgen. Speziell geschulte Leichenträger bringen den Leichnam fort zur Bestattung an der Luft, auf die seit dem Mittelalter bekannten Begräbnistürme (»Türme des Schweigens«). Die verbliebenen, gebleichten Gebeine werden später gesammelt, um bis zum Tage des Gerichts zu warten.

*Zukunftsperspektiven:* Von Religionswissenschaftlern wird die Auffassung vertreten, daß die Zoroastrier, nachdem sie außerhalb des indischen und iranischen Kulturkreises auch im Westen verbreitet sind, eine Entscheidung zwischen den tradierten Lehren und Riten und gewissen Anpassungen an die westliche Umwelt fällen müßten. Von solcher Entscheidung, so die Folgerung, dürfte das Fortbestehen oder Aussterben des Zoroastrismus abhängen.

# Ausgewählte Literatur

BRENTJES, Burchard: Die iranische Welt vor Mohammed. Leipzig: Koehler & Amelang 1978[2]

KOEPKE, Hermann: Das Leben des Zarathustra. Neu erzählt. Ch-Dornach: Rolf Geering 1986

NIGOSIAN, S.A.: The Zoroastrian Faith. Tradition and modern research. Montreal u.a.: Mc Gill Queen's University Press 1993

SCHLERATH, Bernhard (Hg.): Zarathustra. Wege der Forschung Bd. 169. Darmstadt: Wissenschaftliche Buchgesellschaft 1970

WRITER, Rashna: Zoroastrismus. In: Monika und Udo Tworuschka (Hgg.): Bertelsmann Handbuch Religionen der Welt, München: Bertelsmann Lexikon Verlag 1996[2], S. 251-256

WRITER, Rashna: Heilige Stätten im Zoroastrismus. In: Udo Tworuschka (Hg.): Heilige Stätten. Darmstadt: Wissenschaftliche Buchgesellschaft 1994, S. 92-101

# 7. JAINISMUS

## 7.1 Hinführung

Die von Vardhama, dessen Würdetitel Mahavira (»großer Held«) bzw. »Jina« (»Sieger«) lautet, gestiftete indische Religion des Jainismus (bzw. Jinismus) geht auf das 6. bzw. nach westlicher Forschung auf das 5. vorchristliche Jahrhundert zurück. Ist sie auch so alt wie der Buddhismus, so hat sie jedoch nicht die große geschichtliche Bedeutung wie dieser. Vor allem ihr Prinzip des ahimsa, des »Nicht-Verletzens«, ist sehr einflußreich geworden. Der Jainismus zerfällt in zwei große Richtungen: Digambaras (»Luftbekleidete«, also Nackte) und Shvetambaras (»Weißgekleidete«).

## 7.2 Der Zeitrhythmus des Jainismus

Der Lauf der Welt wird bei den Jainas dadurch bestimmt, daß sich zwei Weltperioden ewig ablösen. Von niederen Anfängen bis hinauf zu höchsten Höhen erstreckt sich die »aufsteigende« Weltperiode, während die »absteigende« umgekehrt verläuft. Jede Weltperiode besteht aus sechs Zeitaltern. 24 »Tirthankaras«, erlösende Heilbringer, 12 Universalherrscher und mehrere Heldengestalten gehören zu den 63 großen Männern. Derzeit leben wir in der absteigenden Weltperiode. Mahavira gilt als letzter Heilbringer dieser Periode. Die Jainas beginnen ihre Zeitrechnung mit dem Todesjahr (527 vor Christus) ihres Stifters.

Die Abfolge der Feste (in Auswahl):

Mastakabhiseka
Paryushana-Parva
Mahavira-Jayanti
Diwali

## 7.3 Die Feste und ihre Bedeutung

### Mastakabhiseka

Ein herausragendes Ereignis, vor allem für die Digambara-Jainas, ist Mastakabhiseka, die »Salbung des Kopfes« des mythischen Bahubali. Hinter der 47 Fuß hohen, aus Felsen gehauenen Statue dieses unbekleideten Glaubenshelden befindet sich ein hohes Gerüst. Die Frommen besteigen es, um das Haupt dieser Gestalt verehrungsvoll mit verschiedenen heiligen Substanzen (reines Wasser, Sandelholzpaste) salben zu können. Für die Digambaras ist Bahubali die erste Person, die in der gegenwärtigen Weltperiode die »Befreiung« erreicht hat. Das Fest kann sich über mehrere Wochen erstrecken.

### Paryushana-Parva

Fasten hat für die Jainas eine große Bedeutung – vor allem während des acht- bzw. zehntägigen Paryushana-Parva (August/ September). Während dieser Zeit werden die Gläubigen durch Predigten an Mahavira und seine Lehren erinnert. Am Samvatsari-Tag, dem letzten Tag der Fastenperiode, findet eine Bußzeremonie statt: Die Gläubigen bitten ihre Verwandten und Freunde um Verzeihung für Verletzungen, die sie ihnen, auch unbeabsichtigt, zugefügt haben. Man beschließt der ganzen Menschheit gegenüber, im neuen Jahr wohlwollend zu sein. Während der Fastenperiode nehmen die Jainas das ahimsa-Gebot des »Nicht-Verletzens« besonders ernst. Sie versuchen, nach Kräften auf andere Menschen einzuwirken und keine Tiere mehr zu töten.

### Mahavira Jayanti

Jainas begehen den Geburtstag ihres Stifters Mahavira (599 vor Chr.), des letzten Tirthankara (»Furtfinder«): Sein Leben und Wirken werden dramatisch aufgeführt. Mönche und Nonnen lesen aus den heiligen Schriften und erzählen Begebenheiten aus Mahaviras Leben.

### Diwali

Auch die Jainas begehen das beliebte Hindu-Frühlingsfest Diwali (vgl.Kapitel *Hinduismus*), geben ihm aber eine andere Bedeutung. Sie erinnern mit diesem Fest an die »Erlösung« Mahaviras, an sein Eingehen in das Nirvana, das zur Zeit dieses Hindu-Festes stattfand.

### Weitere Feste

Wallfahrten, insbesondere zu solchen Stätten, an denen Tirthankaras in das Nirvana eingingen oder wo berühmte Arhats wirkten, gehören zu den beliebten Veranstaltungen jainistischer Volksfrömmigkeit.

Tempeleinweihungen, Segnungen von Jina-Statuen, Initiationen von Laien und Mönchen stellen weitere bedeutsame Feierlichkeiten dar. Zu den großen Festen, die von den beiden Gruppen teils gemeinsam, teils unterschiedlich begangen werden, gehört ein Fest, das an die erste Almosengabe erinnert, die einem Wanderasketen in der gegenwärtigen Weltperiode gewährt wurde.

## 7.4 Feste am Lebensweg

### Empfängniszeremonie

Von der Geburt bis zum Tode bzw. zur »Erlösung« soll der fromme Jaina insgesamt 53 Zeremonien (kriyas) begehen. Bevor sich Mann und Frau geschlechtlich vereinigen, um ein Kind zu zeugen, sollen sie die »Empfängniszeremonie« begehen.

## Schwangerschaftszeremonien

Während der Schwangerschaftsphase werden vier weitere Samskaras (»Zeremonien«) begangen: im dritten, fünften, siebten und neunten Monat. Ihre Absicht besteht darin, die werdende Mutter gesund und froh zu erhalten und ihr Bewußtsein mit religiösen Inhalten zu füllen. Auch erwarten die Gläubigen von diesen Zeremonien ein gesundes Heranwachsen des Embryos.

## Weitere Feste bis zum Tod

Zur Geburt findet ebenso eine Zeremonie statt wie am 12. Tag danach, wenn die Eltern dem Neugeborenen seinen Namen geben. Wenn das Kind zum ersten Mal feste Nahrung zu sich nimmt, wenn es ein Jahr alt wird, wenn ihm zum ersten Mal die Haare geschnitten werden: Stets werden solche bedeutenden Lebensabschnitte rituell begleitet. Die Vollendung des fünften Lebensjahres (Schulbeginn) wird ebenso begangen wie die des achten. Dann nämlich wird das Kind religiös mündig und gelobt feierlich, die acht wichtigstenTugenden eines Laienanhängers zu verwirklichen.

Die Hochzeits- sowie Todeszeremonie sind weitere einschneidende Abschnitte im religiösen Leben eines Jaina.

## Sallekhana (Ritueller Tod durch Fasten)

Bitte, unterrichten Sie mich, Herr! Ich bin gekommen, um Sallekhana zu suchen, das Gelübde, das ich von nun an mein Leben lang einhalten werde. Ich fühle mich, was diese Angelegenheit betrifft, frei von allen Zweifeln und Ängsten. Ich verzichte von jetzt an bis zu dem Augenblick meines letzten Atemzuges auf Nahrungsmittel und Getränke jeglicher Art«.

Mit solchen Worten begibt sich ein Jaina-Mönch oder -Laie, der den freiwilligen Tod sucht, in die Obhut eines erfahrenen religiösen Meisters, um sich von ihm auf seinem Sterbeweg begleiten zu lassen.

Dieser »rituelle Tod durch Fasten«, der während der letzten Meditation erreicht wird, ist ein religiöses Ziel, das auch heute noch manche Jainas erreichen wollen. Die Jaina-Gesetzbücher sehen mögli-

che Fälle vor, bei deren Vorliegen der freiwillige Hunger- und Durst-
tod erlaubt ist: bei einer durch Feindbedrohung hervorgerufenen
Notlage, wenn der Jaina seine Gelübde nicht einhalten kann, bei einer Hungersnot, im hohen Alter, wenn der Jaina entweder erblindet
ist, nicht mehr richtig gehen kann, also senil geworden ist, und bei
einer tödlichen Krankheit.

# Ausgewählte Literatur

BALBIR, Nalini: Jainismus. In: TRE Bd.16, Berlin 1987, S. 451-461

DUNDAS, Paul: The Jains. London/New York: Routledge 1992

GLASENAPP, Helmuth von: Der Jainismus. Berlin 1925

KIRFEL, W.: Symbolik des Hinduismus und des Jainismus. Stuttgart 1959

SCHUBRING, Walter: Die Lehre der Jainas nach den alten Quellen dargestellt.
  Berlin 1935

TIFFEN, Nicole (Einleitung: Colette Caillat): Der Dschainismus in Indien.
  Reiseeindrücke und Photographien. Genf: Weber 1987

TWORUSCHKA, Monika und Udo (Hgg.): Bertelsmann Handbuch Religionen
  der Welt. München: Bertelsmann Lexikon Verlag 1996², S. 339-348

# 8. SIKHISMUS

## 8.1 Hinführung

Ihren geistigen Ursprung hat die im 16. Jahrhundert entstandene Sikh-Religion in der Auseinandersetzung zwischen Hinduismus und dem indischen Islam des Mogulreiches. Geographischer Ursprung dieser Guru-Bewegung ist der Punjab, der heutige Nordosten Pakistans. Nach dem bedeutenden Vorläufer, Kabir (1440-1518), der die liebevolle Verehrung des einen Gottes lehrte, ist Guru Nanak eigentlicher Begründer der Sikh-Religion. Er lehrte die drei Prinzipien: »Arbeite hart. Verehre Gott. Teile mit dem Andern«. Der Sikhismus betont die Gleichheit aller Menschen. Durch Wahl und Vererbung entstand nach dem Tode Guru Nanaks eine Sukzession von 10 »lebenden Gurus«. Der letzte »lebendige Guru«, Govind Singh (1666-1708), bestimmte keinen lebendigen Guru mehr zum Nachfolger, übertrug die Autorität auf die heilige Schrift, den Adi Granth. Die Sikhs fassen ihren Glauben auch zusammen als: Guru, Granth (heilige Schrift) und Panth (Gemeinde).

## 8.2 Der Zeitrhythmus des Sikhismus

Die Sikhs folgen in ihrer Zeitrechnung dem indischen Mondkalender. Ihre Woche kennt keine speziellen »heiligen« Tage. Sikh-Feste sind mit wichtigen Ereignissen aus dem Leben der Gurus verknüpft (Geburtstage, Martyrien), vor allem des ersten und des letzten, sowie mit der Entstehung ihrer Gemeinschaft (khalsa). Außerdem begehen die Sikhs mehrere Hindufeste, denen sie jedoch eine neue Bedeutung geben. Bei besonderen Anlässen, zum Beispiel bei den Geburtstagsfeiern bestimmter Gurus, findet zwei Tage vor dem Ereignis ein »Akhand Path« statt: Etwa 48 Stunden lang wird dann der ganze Adi Granth, eine Sammlung der Weisheiten verschiedener Heiliger, gelesen. Diese ununterbrochene Lesung endet am Morgen des Geburtstages. Jeder »Granthi« liest etwa zwei Stunden. Beschlossen wird die Schriftlesung mit »Kirtan«, einem gesungenen Gotteslob, das von den traditionell-indischen Musikinstrumenten, Harmonium und Tabla, begleitet wird. Ansprachen sowie das Gebet um Segen runden die Veranstaltung ab. Im Punjab wird der Adi Granth in einer Prozession auf einem Wagen durch die Straßen gefahren. Manche Festteilnehmer tragen dabei die ursprünglichen Kleider der ersten fünf Mitglieder der Sikh-Gemeinschaft.

## Die Abfolge der Feste (in Auswahl):

| | |
|---|---|
| Diwali: | Oktober (Mitte-Ende) |
| Geburtstag von Guru Nanak: | November, kein fester Tag |
| Martyrium von Guru Tegh Bahadur: | Oktober |
| Geburtstag von Guru Gobind Singh: | um die Jahreswende (Ende April oder Anfang Januar) |
| Hola Mohalla: | reines Lokalfest (im März) |
| Baisakhi: | heute am 13.4. gefeiert, ursprünglich am 1. des Monats Baisakh |
| Martyrium von Guru Arjan Dev: | 4./5. Juni |

# 8.3 Die Feste und ihre Bedeutung

## Diwali

Das zwei- bis fünftägige Hindu-Neujahrsfest Diwali im November ist ein Lichterfest, dessen Bedeutung in Hindu-Indien unterschiedlich verstanden wird. Diwali symbolisiert den Sieg des Guten über das Böse, des Lichtes über die Finsternis. Sikhs feiern dieses Fest auch deshalb, weil ihr sechster Guru, Har Govind (1595-1644), zu dieser Zeit aus dem (islamischen) Gefängnis entlassen wurde.

## Geburtstag von Guru Nanak

Der eigentliche Begründer der Sikh-Religion, Guru Nanak, ein der Kriegerkaste entstammender Hindu aus der Nähe von Lahore (Nankana Sahib), wurde 1469 geboren. Sein Leben ist von vielen Legenden umrankt, die für die Sikh-Frömmigkeit eine große Rolle spielen. An seinem aufwendig gefeierten Geburtstag findet »Akhand Path« statt sowie eine gemeinsame Mahlzeit aus dem Langar, der (kostenlosen) »öffentlichen Küche« der Sikh-Gemeinschaft.

## Martyrium von Guru Tegh Bahadur

Der neunte Guru Tegh Bahadur wurde unter dem intoleranten Mogulkaiser Aurangzeb öffentlich enthauptet. Er folgte damit dem Rat seines neunjährigen Sohnes und Nachfolgers in der Guru-Würde, Gobind Rai, der das Opfer seines Vaters aus politischen Gründen empfahl. Guru Tegh Bahadur lieferte sich dem Herrscher aus: Wenn es dem Mogulkaiser gelänge, ihn zum Islam zu bekehren, würde die gesamte Sikh-Gemeinde nachfolgen. So wurde Guru Tegh Bahadur zum Märtyrer. Zur Erinnerung an dieses Martyrium errichteten die Sikhs den Gurdwara Sis Ganj Sahib in Neu Delhi, wo jährlich aus Anlaß des Todestages große Feierlichkeiten stattfinden.

## Geburtstag von Guru Gobind Singh

Gobind Singh war der zehnte und damit letzte »lebendige Guru«. Der Geburtstag dieses großen Dichters, Mystikers, Gelehrten und Politikers (1666) wird so aufwendig wie der Geburtstag Guru Nanaks begangen. »Akhand Path« findet statt.

## Hola Mohalla

Anläßlich des zwei- bis fünftägigen hinduistischen Frühjahrsfestes Holi – von den Sikhs Hola Mohalla genannt – veranstalten die Sikhs Kampf- und Reiterspiele, die auf Guru Govind zurückgehen.

## Baisakhi

Dieses Fest, das seit der englischen Besatzung Indiens auf den 13. April gelegt wurde, erinnert an die 1699 durch den zehnten und letzten »lebendigen« Guru – Gobind Singh – erfolgte Gründung des Khalsa Panth, der »Gemeinschaft der Reinen« in Anandpur Sahib am ersten Tag des Monats Visakhi, dem 30. März 1699. Durch dieses Ereignis wurde aus der einstigen hindu-islamischen Reformbewegung eine eigenständige Religionsgemeinschaft. Außerdem erinnert das Baisakhi-Fest an zahlreiche Schlachten gegen die Mogul-Herrscher.

## Martyrium von Guru Arjan Dev

Der fünfte Guru Arjan (1563-1606) – zugleich der erste Märtyrer-Guru – ließ die in verschiedenen Sprachen verfaßte heilige Schrift, Adi Granth, zusammenstellen, die neben Beiträgen früherer Gurus und Texten von u.a. Kabir und zahlreichen anderen Heiligen außerhalb des Sikhismus auch eine Reihe von Gedichten Guru Arjans selbst enthält. Sie wurde vom zehnten Guru endgültig überarbeitet. Arjans Beitrag ist das Sukhmani Sahib. Unter Arjans Führung wurde der »Harimandir«, der »Goldene Tempel« auf einer Insel im See von Amritsar, gegründet. Guru Arjan wurde von dem Mogulkaiser Jehangir, Nachfolger des toleranten Akbar, zu Tode gequält.

# 8.4 Feste am Lebensweg

## Geburt

Nach der Geburt eines Kindes gehen die Eltern in den Gurdwara (»Tür des Guru«), den Versammlungsort der Sikhs, und spenden der Gemeinde in einem festgelegten Ritus spezielle heilige Süßigkeiten. Diese bestehen zu gleichen Teilen aus Weizenmehl, Zucker, Butter und Wasser. Hergestellt werden sie in einer besonderen Zeremonie, bei der Hymnen gesungen werden. Die ersten fünf Stückchen dieser Süßigkeiten symbolisieren die ersten historischen fünf Sikhs, die Gründer des Khalsa, und zeigen die Gleichheit der Menschen vor Gott an. Es folgen Lesungen aus dem Adi Granth, die dazu dienen, den Namen des Kindes zu bestimmen. Der erste Buchstabe des dabei zuerst rezitierten Wortes dient als Anfangsbuchstabe des Namens.

## Amrit nehmen (»Taufe«)

Die Erwachsenen«taufe« wird unter Anwesenheit von sechs Sikhs an irgendeinem geeigneten Ort ausgeführt. Dies muß nicht notwenig ein Gurdwara sein. Ein bereits initiierter Sikh liest dabei Abschnitte aus der heiligen Schrift, während die anderen fünf bei der Zeremonie assistieren, dem Kandidaten die wichtigsten Regeln und Verpflichtungen der Gemeinschaft erklären. Mittelpunkt der Feier ist das Herstellen und Austeilen des Amrit (»Todlosigkeit«) genannten Initiationswassers. Es besteht aus klarem Wasser und einer zuckerartigen Substanz, die in einer Stahlschüssel zubereitet und mit dem in der rechten Hand gehaltenen Kurzschwert (Khanda) umgerührt wird. Fünfmal erhält der sitzende Initiand nach festgelegtem Ritus in seine geöffneten Hände diesen Nektar der Todlosigkeit. Folgende Formel wird dabei gesprochen:»Heil Khalsa des wunderschönen Herrn, der immer siegreich ist«. Den restlichen Nektar trinken die übrigen an der Zeremonie Beteiligten. Alle Teilnehmer sprechen zum Schluß das Mool Mantra:

»Es ist nur ein Gott, der Wahre mit Namen, der alles durchdringende Schöpfer, ohne Furcht, ohne Haß, unsterblich, ungeboren, durch sich selbst bestehend durch Gnade, der Erleuchtete. Der Wahre war im Anfang, der Wahre war durch alle Zeiten, der Wahre ist in der Gegenwart, Nanak, der Wahre, wird auch in Zukunft sein.«

## Ehe/Hochzeit

Heiraten gilt als verdienstvoll, und die Eheschließung ist ein religiöser Akt. Obgleich die Kastenunterschiede theoretisch abgeschafft sind, heiratet man trotzdem nur selten außerhalb der eigenen Gruppe. Es gibt keine vorgeschriebenen Verlobungszeiten, auch keine speziellen (etwa wie bei Hindus durch Horoskop errechnete) Tage. Im Mittelpunkt der Hochzeitszeremonie steht wiederum der Adi Granth, vor dem das Hochzeitspaar in Begleitung von Eltern und Freunden seinen Platz einnimmt. Während Lieder gesungen werden, umschreitet das Paar die Heilige Schrift. Die Beziehungen von Braut und Bräutigam werden mit der Liebe der menschlichen Seele zu Gott in Parallele gesetzt. Liebe und Zuneigung sollen die Ehe bestimmen. In Trauer und Leid will man zusammenstehen. Auch die Angehörigen soll man lieben und respektvoll behandeln.

## Tod/Bestattung

Tote sollen verbrannt werden. Einen besonderen Zeitpunkt hierfür gibt es nicht. Die »fünf K« (Kash: ungeschnittenes Kopf- und Barthaar; Kangha: Kamm; Khanda: Kurzschwert; Kachh: knielange Unterhosen; Kara: Stahlarmband) werden auf den gewaschenen und in reiner Kleidung aufgebahrten Leichnam gelegt. Während der tote Körper verbrannt wird, werden Lieder angestimmt und Gebete gesprochen. Grabsteine sind bei den Sikhs nicht erlaubt.

## Ausgewählte Literatur

BAUMANN, Christoph Peter: Sikhismus. In: Monika und Udo Tworuschka (Hgg.): Bertelsmann Handbuch Religionen der Welt. München: Bertelsmann Lexikon Verlag 1996[2], S. 283-290 (Lit.)

BAUMANN, Christoph Peter: Sikhismus. In: Udo Tworuschka (Hg.): Heilige Stätten. Darmstadt: Wissenschaftliche Buchgesellschaft 1994, S. 158-168

COLE, W. Owen/SAMBHI, Piara Singh: A Popular Dictionary of Sikhism. London: Curzon/Glenn Dale, MD: Riverdale Company 1990

SOLKA, Michael: Die Sikhs. Frankfurt/M. u.a.: Ullstein TB 34538, 1988

THIEL-HORSTMANN, Monika (Ausgewählt, eingeleitet und aus dem Original übersetzt): Leben aus der Wahrheit. Texte aus der Heiligen Schrift der Sikhs. Zürich 1988

# 9. BAHÁ'Í

## 9.1 Hinführung

Die Bahá'í-Religion hat sich im 19. Jahrhundert aus einem schiitisch-islamischen Kontext heraus entwickelt, allerdings wird der durch Baha'u'lláh begründete Glaube als Erfüllung aller vorangegangenen Weltreligionen angesehen. Zur Zeit gibt es weltweit ca. sechs Millionen Bahá'ís.

Stifter der Bahá'i-Religion sind Báb (übers. = das Tor, 1819-1850) und Báha'u'lláh ( = Ehrentitel: Herrlichkeit Gottes,1817-1892). Die Lebensdaten der beiden Stifter sind Hauptanlässe für die Bahá'í-Feste. Báha'u'lláhs ältester Sohn, Abdu'l-Bahá (1844-1921), wurde Nachfolger seines Vaters. Ihm folgte Shogi Effendi (= »Hüter der Sache«), ein Urenkel Báha'u'lláhs. Seine »Amtszeit« ging von 1921-1957. 1963 wurde erstmalig das »Universale Haus der Gerechtigkeit« eingerichtet, das höchste Leitungsgremium der Bahá'ís (9 Personen) mit Sitz am Sterbeort des Báha'u'lláh in Haifa.

*Wichtige Lehren* sind:
- Einheit Gottes, Einheit der Religionen, Einheit der Menschen, Gleichwertigkeit von Mann und Frau,
- Aufbau einer universalen Erziehung, die Vorurteile beseitigt, die Armut bekämpft, aber ebenso extremen Reichtum ablehnt; gleichzeitig Betonung kultureller Vielfalt, die nicht vereinheitlicht werden soll (»Mutikulturalität«),
- Wahrheitssuche als legitimes Anliegen jedes Einzelnen,
- Fernziel: Herbeiführung einer Harmonie zwischen Religion und Wissenschaft, Einführung einer internationalen Verständigungsmöglichkeit (eine Variante des »Esperanto«), Einsetzung einer Weltregierung,
- Die Menschheit soll zur Reife in einem »erleuchteten« Zeitalter heranwachsen.

*Bahá'í-Häuser der Andacht* gibt es inzwischen überall auf der Welt. Sie stehen allen Menschen unabhängig von Religion, Rasse, sozialem Stand oder Nation offen. Es sind Häuser der Meditation, des Gebets und des Lobpreises Gottes, in denen auch Gesänge und Lesungen stattfinden.

Die Bahá'í-Religion kennt kein Priesteramt und keine Rituale, so daß auch die Feste keine typischen Ausprägungen haben, wenn man einmal von der Gliederungsstruktur: Andacht, Beratung von Gemeindeangelegenheiten, geselliger Teil absieht. In der Architektur gibt es gewisse Auffälligkeiten: Die Versammlungshäuser sind fast durchweg kuppelförmig, um mit den zur Spitze strebenden Rippen, das Streben aller religiösen Bewegung hin zum göttlichen Zentrum zu symbolisieren.

## 9.2 Zeitrhythmen

Da das Ziel der Bahá'í-Religion die Welteinheit ist, muß sich das auf die Zeit(be)rechnung auswirken, so daß ein überall akzeptierter Kalender notwendig ist. Der »Bab« hatte mit seiner »Erklärung« im Jahre 1844 einen solchen faktisch eingeführt, der die Zeit nach dem Sonnenjahr strukturiert, aber mit dem persischen No Rúz-Fest (= Naw Rúz) beginnen läßt (Frühjahrsbeginn = Jahresbeginn, also die Tag- und Nachtgleiche am 20. bzw. 21. März je nach Sonnenstand).

Das Bahá'í-Zeitalter hat mit der Erklärung des Bab im Jahre 1844 begonnen. 1994 feierten die Bahais also das 151. Jahr der Bahá'í-Ära.

Jedes Jahr hat 19 Monate mit jeweils 19 Tagen und 4 bzw. 5 »Schalttagen« zwischen dem 18. und 19. Monat. Der 19. Monat ist der *Fastenmonat*, der als Vorbereitung auf das neue Jahr gilt (Naw-Rúz). Einmal im Monat wird das 19-Tage-Fest gefeiert. Dieses Fest hat teilweise eher familiären Charakter, auch wird insgesamt der Gemeinschaftscharakter der Feste betont, so daß sich eine intensive (wenn auch oft informelle) Kommunikationsstruktur herausschält.

Die Namen der Monate sind nach Eigenschaften Gottes benannt (vgl. die 99 schönen Namen Gottes im Islam). Der Bahá'í-Tag beginnt und endet wie im Judentum mit dem Sonnenuntergang.

## Abfolge der Feste

Folgende Tage gelten als Feiertage, an denen die Arbeit ruht und die Gläubigen durch Meditation, Gebet und Begegnungen den Tag entsprechend würdig begehen:

| | |
|---|---|
| 21. März (Naw-Rúz): | 1. Baha: Neujahr |
| Zwischen 21. April und 2. Mai: | Ridvanfest (besondere Feier des 1., 9. und 12. Tages) |
| 23. Mai | 7. Azamat: Erklärung des »Bab« |
| 29. Mai | 13. Azamat: Tod Bah'u'lláhs (»Hinscheiden«) |
| 09. Juli: | 16. Rahmat: Märtyrertod des Bab |
| 20. Oktober: | 5. Ilm: Geburt des Bab |
| 12. November: | 9. Qudrat: Geburt Baha'u'llahs |

Darüber hinaus gibt es kleinere Feiertage:

| | |
|---|---|
| 26. November | Erinnerung an die Ansprache Abdu'l-Bahás in New York im Jahre 1912 (»Tag des Bundes«) |
| 28. November (1.00 nachts) | Tod des Abdu'l-Bahá |
| 3. Sonntag im Januar | Weltreligionstag (1952 von den Bahá'ís der USA eingeführt) |

1992 wurde der 100. Todestag des Baha'u'lláh in vielen Veranstaltungen und zwei internationalen Konferenzen als »Heiliges Jahr« feierlich begangen, im Juni wurde unter anderem auch eine »Erdcharta« veröffentlicht, sozusagen das ökologische und entwicklungspolitische Programm der Bahá'í.

## 9.3 Die Feste und ihre Bedeutung

### Naw-Rúz (No Rúz)
### (= neuer Tag: 22.März, feststehender Termin)

Neujahrstag und Ende des neunzehntägigen Fastens mit einem großen Festmahl, welches das alte Jahr beschließt. Hierbei handelt es sich um das Neujahrsfest, das im gesamten Iran (also auch im schiitischen Islam) als Beginn des natürlichen Jahreskreislaufs (Frühling) gefeiert wird. Vieles davon ist auch in die Bahá'í-Tradition eingeflossen. So ist es zum Beispiel üblich, an Freunde, Verwandte und Bekannte Glückwunschkarten zu verschicken.

### Ridvan
### (Zwischen dem 21. April und dem 2. Mai)

Ridvan (übersetzt: Garten in Bagdad, in dem sich Bahà'u'lláh vor seiner Weiterverbannung nach Istanbul aufhielt) ist das wichtigste Bahá'í-Fest: In diesen zwölf Tagen erklärte Baha'u'llah sich als der »Eine Verheißene«, prophezeit durch den Bab. Von den zwölf hohen Tagen werden der 1., 9. und 12. besonders hervorgehoben: An diesen Tagen wird nicht gearbeitet. In dieser Zeit wählen die Bahá'ís ihre örtlichen, nationalen und internationalen Geistigen Räte, also ihre Leitungsgremien.

Als eigentlicher Gründer wird *Baha'u'lláh* ( = Herrlichkeit Gottes) angesehen (1817-1892), der sich 1863 als der vom Bab geweissagte Prophet identifizierte. Er wurde bekämpft und ging beinahe 40 Jahre ins Exil (z.B. in Kurdistan) bzw. ins Gefängnis (Bagdad, Istanbul, Edirne). Während dieser Zeit schrieb er seine Lehren nieder, teilweise in Form von Briefen, die er an bedeutende Herrscher auf der ganzen Welt schickte, teilweise als Lehrschriften. Sein letztes Gefängnis war Akko in Palästina (das heutige Haifa), wo er 1892 starb. Dort wurde ihm später ein Mausoleum errichtet.

## Jahrestag der »Erklärung des Bab«
## (23. Mai)

Der Initiator der Bahá'í-Religion war ein persischer Kaufmann, der unter dem Namen »*Bab*« (= das Tor) bekannt wurde. Er sah sich (ähnlich wie Johannes der Täufer) als Vorläufer eines großen Gesandten und wurde deshalb zum Märtyrer in Täbris. Der Bab verkündete die Ankunft des Baha'u'lláh und wurde Mitbegründer der Bahá'í-Religion. Er machte seine Sendung zuerst 1844 in Persien bekannt und wurde 1850 in Täbris hingerichtet.

## Jahrestag des Hinscheidens des Baha'u'llah
## (29. Mai)

Zum Gedenken an den natürlichen Tod von Baha'u'lláh 1892 in Akko, seinem letzten Verbannungsort. Die Tradition hat den Tod auch als »Aufstieg« in die Transzendenz verstanden, so daß nicht nur vom »Hinscheiden«, sondern auch von dem »Aufstieg« des Baha'u'lláh gesprochen werden kann. Dadurch ergeben sich religionsgeschichtlich allerdings nicht zu verifizierende Anklänge an die Himmelfahrt Christi (siehe Kapitel *Christentum*) und die Nachtreise des Propheten Muhammad (siehe Kapitel *Islam*). An diesem Tag wenden sich die Gläubigen beim Gebet in Richtung seiner Grabstätte in Bahji am Rande von Akko.

Nach dem Tod des Vaters führte sein Sohn *Abdu'l-Bahá*, schon vorher ständiger Begleiter seines Vaters und autorisierter Nachfolger, das Werk seines Vaters fort. Allerdings war er bis zum vorläufigen Sturz des osmanischen Regimes 1908 Gefangener der türkischen Regierung. Nach ausgedehnten Reisen und öffentlichkeitswirksamen Aktivitäten in aller Welt starb er 1921 in Haifa, wo Anhänger aller Religionen um ihn trauerten. In seinem Testament hatte Abdu'l-Bahá seinen Enkel *Shogi Effendi* zum Nachfolger und »Hüter des Bahá'í-Glaubens« ernannt. In seine Zeit fällt die größte Verbreitung der Bahá'í-Religion. Er starb 1957 in London. Seitdem gibt es keinen direkten Nachfolger mehr, vielmehr hat sich seit 1963 ein internationales Leitungsgremium etabliert: das »Universale Haus der Gerechtigkeit«.

### Jahrestag des Martyriums des Bab
### (9.Juli, vgl. Jahrestag der Erklärung des Bab)

Der Bab wurde durch ein Erschießungskommando auf dem Kasernenhof in Täbris, Nordpersien, am Mittag des 9. Juli, im Jahre 1850 hingerichtet. Des Todes des Bab wird am Mittag mit Lesungen und Gebeten aus den Bahá'í-Schriften gedacht.

### Jahrestag der Geburt des Bab
### (20. Oktober, vgl. Jahrestag der Erklärung des Bab)

Jahrestag der Geburt des Bab, der im Jahre 1819 in Shiraz, Persien, geboren wurde.

### Jahrestag der Geburt des Baha'u'llah
### (12. November)

Das Gedenken an die Geburt des Baha'u'lláh (1817), Gründer der Bahá'í-Religion, Sohn eines persischen Adligen in Teheran, wird durch Lesungen und Meditationen begangen.

## 9.4 Feste am Lebensweg

Die sog. Passageriten werden nicht besonders hervorgehoben. Es gibt keine Taufe (im Zusammenhang der Geburt), keinen Ritus des Erwachsenwerdens (etwa in Richtung Firmung oder Konfirmation).

Zur *Heirat* muß die Zustimmung der (lebenden) Elternteile eingeholt werden. Das Brautpaar stiftet sich die Ehe, die vom örtlichen Geistigen Rat vollzogen und bestätigt wird. Folgende Trauformel spricht das Brautpaar: »Wahrlich, wir wollen uns alle an Gottes Willen halten.«

Im Rahmen der *Beerdigung* (Verbrennungen sind nicht zugelassen) eines Bahá'í gibt es am offenen Grab ein langes Totengebet, das die Gläubigen sprechen. Die Beerdigung findet grundsätzlich nicht weiter als eine Reisestunde vom Todesort entfernt statt. Dies gilt auch dann, wenn der Tod außerhalb des Heimatlandes eintritt.

# Ausgewählte Literatur

GOUVION, Colette/JOUVION, Philippe: The gardeners of God. An encounter with five millions Bahais (aus dem Französischen). Oxford: One World 1993

HATCHER, Williams S./ MARTIN, Douglas J.: The Bahai Faith. The emerging global religion. San Francisco: Harper & Row 1989

PERKINS, Mary/HAINSWORTH, Philip: Die Bahai. Was sie glauben – was sie tun. Hofheim- Langenhain: Bahai-Verlag 1988

SCHAEFER, Udo: Der Bahá'í in der modernen Welt. Strukturen eines neuen Glaubens. Hofheim-Langenhain: Bahai-Verlag 1981[2]

TOWNSHEND, George: Christus und Bahá'u'lláh. Hofheim-Langenhain: Bahai-Verlag 1981[3]

# Allgemeine Literatur:
## Lexika und Einführungen (in Auswahl)

BANCROFT, Anne: Religionen des Ostens. Wege geistiger Erfahrung. Zürich: Theseus o.J. (englische Originalausgabe 1974)

BELLINGER, Gerhard J.: Knaurs Grosser Religionsführer. München: Droemer Knaur 1986

BROWN, Alan (hg. im Auftrag der Shap Working Party): Festivals in World Religions. London/ New York: Longman 1992[2]

FREIMARK, Peter/ GROTHAUS, Hans/LEDERER, Einhart/ THYEN, Dietrich/ KIRSTE, Reinhard: Große fremde Religionen. Grundlagen für einen Dialog. Hannover: Schroedel 1992[5]

HEILER, Friedrich (neu hg. von Kurt GOLDAMMER): Die Religionen der Menschheit. Stuttgart: Reclam 1991[5]

KLÖCKER, Michael/TWORUSCHKA, Udo: Religionen in Deutschland. Kirchen – Glaubensgemeinschaften – Sekten, München: Olzog 1994

KWIATKOWSKI, Gerhard u.a. (Hg.): Schülerduden. Die Religionen. Mannheim u.a.: Dudenverlag 1977

KWIRAN, Manfred/SCHULTZE, Herbert (Hgg.): Bildungsinhalt: Weltreligionen. Grundlagen und Anregungen für den Unterricht. Münster: Comenius-Institut 1988

MENSCHING, Gustav: Die Weltreligionen. Wiesbaden: VMA 1989[5]

O'BRIEN, Joanne/PALMER, Martin: Weltatlas der Religionen (aus dem Englischen). Bonn: Dietz 1994

TWORUSCHKA, Monika und Udo (Hgg.): Vorlesebuch Fremde Religionen. Für Kinder von 8–14. Lahr: Kaufmann/Düsseldorf: Patmos, Bd. 1: Judentum, Islam 1993[2]; Bd. 2: Buddhismus, Hinduismus 1994[2]

TWORUSCHKA, Monika und Udo (Hgg.): Bertelsmann Handbuch Religionen der Welt. München: Bertelsmann Lexikon Verlag 1992

TWORUSCHKA, Monika und Udo: Symbole in den Religionen der Welt, Lahr/ Kevelaer: Kaufmann/Butzon & Bercker 1996

WILLIS, Roy (Hg.): WALTER, Robert (Vorwort): Bertelsmann Handbuch Mythologie. München: Bertelsmann Lexikon Verlag 1994

WOSIEN, Maria-Gabriele: Tanz im Angesicht der Götter. München: Kösel 1985

*Anmerkung zur Schreibweise:* Die wissenschaftliche Schreibweise der Fachtermini wurde in der Regel nicht beibehalten. Entscheidend war die gute Lesbarkeit und Aussprechbarkeit für Nicht-Fachleute. Allerdings konnte auch nicht immer auf die entsprechenden Akzentsetzungen verzichtet werden, besonders dort, wo sie für die betreffende Religion auch im deutschen Sprachraum typisch sind.

# Zum Nachschlagen
# und Nachlesen

*Monika und Udo Tworuschka*

## Denkerinnen und Denker der Weltreligionen im 20. Jahrhundert

175 Seiten. Kt. Originalausgabe.
[3-579-00770-X] GTB 770

Dieses Personenlexikon behandelt bedeutende Frauen und Männer des ausgehenden 19. und 20. Jahrhunderts aus Judentum, Christentum, Islam, Hinduismus und Buddhismus. Sie kommen mit Wertbeispielen zu Wort und werden biographisch vorgestellt. Aufgenommen wurden vor allen Dingen Persönlichkeiten, die ihrer jeweiligen Religionstradition Impulse zur spirituellen und sozialen Erneuerung vermitteln und die sich mit dem Abendland bzw. dem christlich geprägten Westen auseinandersetzen. Aber auch zweifelhafte Figuren wie Khomeini werden kommentiert. Die Personen sind nach den Religionen, die sie vertreten, zusammengestellt. Ein alphabetisches Register erleichtert den Zugang.

Gütersloher Verlagshaus